Die Kunst des Lebens

param

Sri Sri Ravi Shankar

Die Kunst des Lebens

param

Die Deutsche Bibliothek – CIP-Einheitsaufnahme

Shankar, Ravi: Die Kunst des Lebens /
Sri Sri Ravi Shankar. - Ahlerstedt : Param, 1999
ISBN 3-88755-343-8

Umwelthinweis

Gedruckt auf chlor- und säurefreiem Papier.

© Copyright 1999 by Param Verlag, Ahlerstedt
Alle Rechte vorbehalten.

Umschlagfoto Dr. Eberhard Baumann
Satz und Gestaltung ars . data . media, Ahlerstedt
Druck und Verarbeitung Fuldaer Verlagsanstalt, Fulda

ISBN 3-88755-343-8

Alles, was
wir tun, geschieht
aus Liebe.
Und unser Ziel ist,
voll Liebe zu sein.

Dieser eine Wunsch
nach Liebe
oder Freude ist
unsterblich
in jedem Wesen.

INHALT

Was ist die Kunst des Lebens?	11
Lachen, singen, meditieren	17
Rede vor den Vereinten Nationen	21
Gott ist Liebe	25
Du bist Liebe	26
Schönheit	27
Was macht Dich schön?	29
Singen	31
Wach auf!	33
Friede ist Deine Natur	34
Selbstvertrauen	35
Vertrauen ist Dein Schatz	37
Sehnsucht nach Liebe	39
Wie man Liebe zum Ausdruck bringt	41
Beziehungen	43
Wie man mit grobem Verhalten umgeht	45
Erinnerung	46
Wiedergeburt	47
Karma	49
Selbstvorwürfe	51
Ego	53
Fehler	55
Kritik	56
Täuschung	57
Jenseits des Todes	58
Das elfte Gebot	70
Schmerz	71
Vivek	73
Angst	75
Negative Gedanken	76
Kritiksucht	79
Urteile und gute Gesellschaft	81
Wo ist Gott?	83
Gib dem Göttlichen Vorrang	83
Seelische Wunden	85
Gewohnheiten und Gelübde	87
Liebe ist Deine wahre Natur	89

Warum braucht man einen Meister?	90
Der Meister ist ein Tordurchgang	93
Selbstloses Handeln	95
Glück in schlechten Zeiten	97
Ergebung	99
Erleuchtung	101
Engel	104
Jemand, Niemand, Jeder	105
Liebe ist ein Zustand	109
Nähe zum Meister	110
Sechs Anzeichen eines Suchers	112
Drei Arten des Dienens	113
Erziehung	115
Die Kunst des Lebens	117
Die Bedeutung des Atems	119
Die Sprache des Herzens	123
Gesellschaft für Inneres Wachstum e.V.	126

Was ist die Kunst des Lebens?

Wenn wir Gegenstände schätzen und bewundern, bezeichnen wir sie als Kunst. Wir sehen ein Gemälde oder ein Schmuckstück und sagen: »Das ist schön.« Wir bewundern Musik; wir lieben verschiedene Rhythmen und Harmonien und nennen es Kunst. Oder jemand bewegt seinen Körper auf bestimmte Weise; wir nennen es Tanz und freuen uns daran. All dies bewundern wir und nennen es Kunst. Aber für wen wird Kunst geschaffen? Wer sieht den Tanz? Wer betrachtet das Gemälde? Wer lauscht der Musik?

Angenommen, die Musik würde in der Wüste erklingen, wo sie niemand hört, nennen wir das dann auch noch Kunst? Wer hört die Musik? Wer erfreut sich an einem Kunstwerk? Es ist die Lebenskraft, das menschliche Wesen. Achten und schätzen wir die Lebenskraft, die in jedem menschlichen Wesen wirkt? – Daran hat es bisher gemangelt. Alles, was wir erschaffen, ist für Menschen gedacht, aber die Lebenskraft ehren und bewundern wir eigentlich nicht.

Kunst des Lebens heißt, das Leben ehren, das Leben wertschätzen, das Leben bewundern, das Leben in einem solchen Rhythmus leben, daß es Kunst wird – nicht nur für uns, sondern für jeden, der mit uns in Berührung kommt. Dann wird unser Leben wie Musik, ein angenehmer, harmonischer Klang.

Ist unsere Gegenwart angenehm für jeden in unserer Umgebung? Hat unser Leben Rhythmus, Harmonie? Verbreiten wir Freude, Liebe, Frieden, wie es Kunst tun sollte? Das sollten wir uns fragen.

Kunst erweckt Kreativität und Begeisterung. Wenn wir Begeisterung in anderen Menschen wecken, dann ist unser Leben Kunst. Und das Leben zur Kunst zu machen, ist die *Kunst des Lebens.* Das Leben zu einer rhythmischen Musik zu machen, ist die *Kunst des Lebens.* Die Art, wie wir uns auf diesem Planeten bewegen, zu einem Tanz zu machen, ist die *Kunst des Lebens.* Wie bewegen wir uns durch das Leben? Die wenigsten Menschen gehen oder tanzen; sie stolpern, torkeln und kriechen durchs Leben. Die *Kunst des Lebens* ist, durch das Leben zu tanzen.

Kunst des Lebens bedeutet, aus dem Leben ein schönes Gemälde zu machen. Jeden Tag malt die Natur neue Wolkenbilder an den Himmel, jede Nacht das funkelnde Sternenzelt. Jeden Augenblick geschieht etwas in unserem

Leben. Unser Geist malt das Gemälde unseres Lebens – jeden Tag neu. Jeden Tag gibt es eine andere Stimmung. Die Augenblicke und Situationen verändern sich ständig. Es ist wie ein Kunstwerk. Schätzen wir jeden Augenblick unseres Lebens? Das ist die *Kunst des Lebens*, das Leben zu einer Feier zu machen.

Mit diesen Worten beschreibt Sri Sri Ravi Shankar den Kern des Wissens, das er seit 1981 auf der ganzen Welt verbreitet. Er lehrt uns, das Leben zu feiern, uns wieder an dieser Welt zu erfreuen und dabei in unserer Mitte zu ruhen. Er lehrt die Wiedererweckung allgemeiner menschlicher Werte wie Liebe, Frieden, Mitgefühl, Achtung und Toleranz, die allen Religionen ursprünglich gemeinsam sind. Und er verkörpert diese Werte, die er lehrt. Er tanzt durch das Leben mit spielerischer Leichtigkeit und Humor, aber auch mit tiefster Weisheit und bedingungsloser Liebe und Güte. Daher fühlen sich Tausende von Menschen zu ihm hingezogen und kommen mit ihren Fragen und Sorgen zu ihm, die er geduldig beantwortet. Häufig ergeben sich danach unerwartete Lösungen dieser Probleme.

Sri Sri Ravi Shankars Wissen wurzelt in der zeitlosen, allgemeingültigen Weisheit östlicher Spiritualität und ist gleichzeitig von großem Nutzen für das praktische Leben. Es hat in den vergangenen zwei Jahrzehnten den Alltag Hunderttausender von Menschen aller Kulturen, Traditionen und Religionen segensreich beeinflußt.

Sri Sri Ravi Shankar wurde 1956 in eine angesehene südindische Familie geboren. Bereits im Alter von vier Jahren konnte er die Bhagavad Gita rezitieren, und mit acht Jahren begann er das Studium der klassischen vedischen Literatur. Seine Jugend war geprägt durch den Geist des jahrtausendealten vedischen Wissens *und* die Botschaft christlicher Nächstenliebe.

1982 begann Sri Sri Ravi Shankar, inspiriert durch eine Zeit der Stille, die Kurse »Die Kunst des Lebens – Die heilende Kraft des Atems« zu lehren. Diese, für den modernen Menschen konzipierten Kurse, wurden bisher in über neunzig Ländern aller Kontinente durchgeführt und bringen einen doppelten Gewinn: Sie ermöglichen uns die Erfahrung unseres wahren Selbst und lassen gleichzeitig die Liebe zu unseren Mitgeschöpfen auf natürliche Weise wachsen.

Der dieser Liebe entspringende tätige Dienst an der Mitwelt heißt im Sanskrit *Seva*. Sri Sri Ravi Shankar hat weltweit eine große Zahl humani-

tärer Seva-Projekte initiiert, die große Anerkennung – auch von Seiten der Vereinten Nationen und der UNICEF – gefunden haben.

Sri Sri Ravi Shankar ist weltweit aktiv. Er reist rund um den Globus, und überall beantwortet er Fragen seiner Zuhörer und spricht über spirituelle Themen. Aus Aufzeichnungen einiger dieser Vorträge wurde dieses Buch zusammengestellt.

Der spontane, natürliche Sprachstil wurde weitgehend beibehalten. Eine Schwierigkeit ergab sich jedoch bei der Übersetzung aus dem Englischen immer wieder mit der Anrede. Das englische *you* hat eine viel größere Bedeutungsbreite als das deutsche »du«. Als direkte Anrede wäre es eher mit »Sie« zu übersetzen, was aber in diesem Fall zu unpersönlich klingen würde. Deshalb wurde ein groß geschriebenes »Du« verwendet. Durch diese Großschreibung sollen gleichermaßen menschliche Nähe und persönlicher Respekt zum Ausdruck gebracht werden.

Mit diesem Buch wird Sri Sri Ravi Shankars Lehre erstmals einer breiteren deutschsprachigen Öffentlichkeit zugänglich gemacht, und wir wünschen seinen Lesern, daß sie daraus Anregungen für ein glücklicheres und erfüllteres Leben gewinnen – Anregungen für ihre eigene, ganz persönliche *Kunst des Lebens*.

Das Paradies ist nicht irgendwo da draußen, es ist inwendig in Dir. Wenn Du voll Liebe bist, wenn Du dienen kannst und wenn Du in anderen Dich selbst sehen kannst, dann bist Du im Paradies. Das Paradies ist genau hier. Und das Göttliche ist hier und jetzt in uns und um uns alle Zeit.

Lachen, singen, meditieren

Wenn man einen Klang dehnt, wird er Musik. Wenn man »Hallelujah« sagt, ist das nur ein Klang, aber wenn man es dehnt, singt, wird daraus Musik. Wenn man die Bewegung dehnt, wird sie Tanz. Entweder bewegt man die Hand nur einfach, oder man bewegt sie bewußt und kostet jede Phase der Bewegung aus, dann wird daraus ein Tanz. Wenn man ein Lächeln ausdehnt, wird ein Lachen daraus. Wenn man den Geist dehnt, wird Meditation daraus. Und wenn man das Leben ausdehnt, wird eine Feier daraus. Das ist alles, was wir wollen, uns ausdehnen.

Und wenn wir uns selbst ausdehnen, dann wird die ganze Welt zu unserer Familie. Jeder ist dann ein Teil von uns. Dafür leben wir in dieser Welt, um in Liebe zu leben, um Liebe zu verbreiten und um Liebe zu genießen.

Seht einmal, wieviel wir als Kinder gelacht haben, wieviel wir getanzt, gesungen und gefeiert haben. Aber wenn wir älter werden, tun wir das dann auch noch? Wir sollten uns fra-

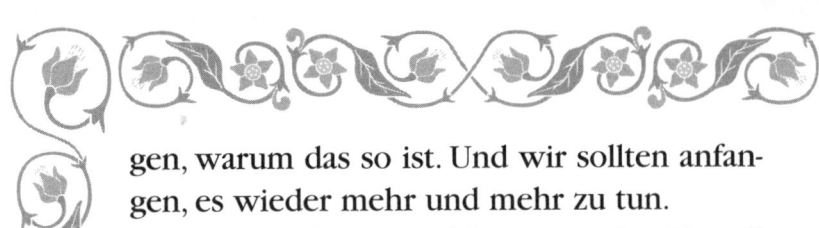

gen, warum das so ist. Und wir sollten anfangen, es wieder mehr und mehr zu tun.

Ich habe den Vorschlag gemacht, überall Lach-Clubs zu gründen. Jeder sollte jeden Morgen zehn Minuten lang ohne Grund lachen. Man braucht keinen Witz, um lachen zu können. Und wenn das Lachen nicht von selbst kommt, macht das auch nichts; man tut dann einfach so. Ein gewolltes, künstliches Lachen verwandelt sich ganz von selbst in echtes. Probiert es aus! Denn Lachen entspricht unserem Wesen. Nur dem Menschen ist es gegeben zu lachen.

Wenn man seine Finger benutzt, kann man Gitarre spielen; wenn man die Finger nicht benutzt, kann man auch nicht spielen. Genauso ist es mit dem Lachen. Wenn man lacht, dann wird Lachen zur eigenen Natur, aber man muß es tun. Jeder sollte täglich zehn Minuten ohne Grund lachen. Dann werden sich alle Schmerzen und Probleme auflösen.

Lacht mehr und mehr! Was geschieht, wenn man lacht? Der Körper schüttet Endorphine aus, das sind spezielle Stoffe im Gehirn. Wenn der Körper mehr Endorphine produziert und ausschüttet, wird das Immunsystem gestärkt, wodurch Krebs und anderen Krankheiten vorgebeugt wird.

Die Kunst ist zu lachen, was Dir auch zustoßen mag. Wenn Du das kannst, hast Du etwas

sehr Wertvolles für Dein Leben erreicht. Es ist nichts Großes zu lachen, wenn alles glatt läuft. Das tut sowieso jeder. Aber jemand, der eine gute Erziehung hat, der stark ist, der eine aufblühende Persönlichkeit hat, sollte auch lachen können, wenn um ihn herum alles aus den Fugen gerät. Lachen gibt Dir die Kraft, mit jeder Situation umzugehen. Deshalb nimm Dir für einen Monat vor, wenn Dir jemand eine Beleidigung ins Gesicht schleudert, erst einmal darüber zu lachen.

Jeder wäre doch gern in einer Umgebung, wo alle lachen. Wir müssen uns die Umgebung, in der wir leben wollen, selber schaffen. Wir können nicht jemanden damit beauftragen, für uns zu lachen. Wir müssen selber lachen. Wenn nichts da ist, worüber wir lachen können, dann brauchen wir nur unseren eigenen Geist zu betrachten, und schon können wir lachen. Das ist sehr interessant.

Die zentrale Botschaft der *Kunst des Lebens* ist also: Lacht mehr und mehr, singt mehr und mehr, feiert, meditiert und seid fröhlich!

Das Göttliche durchdringt alles in gleicher Weise, sowohl den Weisen wie den Dummkopf.

Gott durchdringt alles und lebt in allem. Er weist nichts zurück und verläßt niemanden. Er lebt in allen und allem.

Rede vor den Vereinten Nationen

Im September 1995 war Sri Sri Ravi Shankar eingeladen, vor den Vereinten Nationen, New York, anläßlich deren 50. Geburtstags zu sprechen. Das Folgende ist eine Zusammenfassung seiner Rede.

Geliebte Seelen,

ich bin froh, daß wir hier versammelt sind, um über Mittel und Wege nachzusinnen, menschliche Werte in die Gesellschaft zurückzubringen.

Wir können sehen, daß die Krise, in der die Welt heute steckt, ihre Wurzel in einer falschen Identifikation hat. Wenn begrenzt ist, womit sich Menschen identifizieren, führt das zu Krieg. Die Menschen identifizieren sich heute vor allem mit ihrer Rasse, mit ihrer Kultur, ihrer Nationalität, ihrer Sprache, ihrer Religion oder mit ihrem Beruf, ihrem Geschlecht oder ihrer Familie – und vielleicht auch mit einem menschlichen Wesen.

Wir müssen unsere grundlegende Identität so ausbilden und dahin entwickeln, daß wir uns an erster Stelle als Teil des Göttlichen und an zweiter Stelle als menschliche Wesen sehen. Diese Einsicht kann aber nur durch das richtige spirituelle Wissen erreicht werden.

Ich möchte hier eine klare Unterscheidung zwischen Religion und Spiritualität treffen – Religion ist die Bananenschale, Spiritualität ist die Banane. Alle Religionen haben drei Aspekte: Werte, Symbole und Bräuche. Während die Werte in allen Religionen die gleichen sind, unterscheiden sich Symbole und Bräuche. Doch heute haben wir die Werte vergessen und klammern uns nur an die Symbole und Bräuche. Spiritualität allein kann die menschlichen Werte stärken und dadurch Konflikte, Spannungen und Enttäuschungen beseitigen und Zufriedenheit und Glück ins Leben zurückbringen.

Es fehlt eine angemessene geistige Erziehung und ein umfassendes Verstehen aller Religionen der Welt. Deshalb hat religiöser Fundamentalismus in vielen Gegenden Wurzeln geschlagen. Spiritualität ohne Dogmen, aber mit einem alles umfassenden Verständnis, ist das dringende Bedürfnis des 21. Jahrhunderts. Jetzt ist die Zeit gekommen, daß wir uns darum kümmern.

Durch richtige Erziehung wird ein Gefühl der Zusammengehörigkeit herangebildet, das die ganze Welt einschließt. Man lernt, sich alle Religionen der Welt anzueignen, so daß man sich für die Ausübung einer entscheiden kann, ohne die anderen herabzusetzen. Die Mitglieder einer Familie können verschiedene Religionen ausüben, das sollte die Strategie des 21. Jahrhunderts sein.

In diesem Zeitalter fortgeschrittener Technologie haben wir uns sehr wenig um die gefühlsmäßigen und geistigen Bedürfnisse der Menschen gekümmert. Weder zuhause, noch in der Schule haben wir gelernt, wie man sich von negativen Gefühlen befreit. Weder zuhause, noch in der Schule lernt man, wie man mit seinen Gedanken und Gefühlen umgehen kann. Übungen wie *Pranayamas* (Atemtechniken), *Yoga-Asanas* (Körperstellungen) und Meditation können die Spannung und die negativen Gefühle auflösen und helfen, im gegenwärtigen Augenblick zu leben.

Die Menschen machen sich entweder um die Vergangenheit oder die Zukunft Gedanken, oder sie werden mit der Negativität nicht fertig. Nur Spiritualität kann uns davon befreien und uns in der Gegenwart leben lassen. Gebet, vereint mit Stille, kann uns mit der unendlichen Quelle von Kraft tief in unserem Herzen verbinden.

Ein von Spannungen freier Geist und ein von Krankheiten freier Körper sind das Geburts-

recht eines jeden menschlichen Wesens. Diese erlauchte Versammlung kann einen Lehrplan entwerfen, um dieses Wissen auf den verschiedenen Ebenen der Gesellschaft, wie Schulen, Hochschulen und in Rehabilitationsprogrammen, einzuführen. Dann können wir die Krisen und Krankheiten in unserer Umwelt verringern.

Die menschliche Entwicklung besteht aus zwei Schritten: vom Jemand-Sein zum Niemand-Sein und vom Niemand-Sein zum Jeder-Sein. Dieses Wissen kann Fürsorglichkeit und Teilhabenlassen für die ganze Welt und auf der ganzen Welt herbeiführen.

Meditation bedeutet, Gott in Deinem Inneren zu begegnen. Dienen bedeutet, Gott in Deinem Nächsten zu begegnen.

Gott ist Liebe

Wo ist Gott? Wer ist der Herr der Schöpfung? Was ist das für eine Herrschaft? Was beherrscht die Welt?

Du wirst finden, daß Liebe die Welt beherrscht. Der zentrale Kern des Daseins beherrscht dieses ganze Universum. So wie die Sonne das Zentrum des Sonnensystems ist und alle Planeten beherrscht, so wird Dein Leben in seinem Kern durch Liebe beherrscht.

Jenseits Deines sich verändernden Körpers, jenseits Deiner sich verändernden Gedanken und Gefühle ist der innerste Kern Deines Seins. Er ist sehr subtil, sehr zart. Du kannst ihn Liebe nennen. Dieses Sein, dieses Bewußtsein ist verantwortlich für die ganze Schöpfung. Dort liegt die Herrschaft.

Ein Vogel füttert seine Jungen aus Liebe. Eine Blume blüht aus Liebe. Enten bebrüten ihre Eier aus Liebe. Kühe kümmern sich um ihr Kalb aus Liebe. Katzen ziehen ihre Kätzchen aus Liebe groß. Hast Du gesehen, wie zärtlich sich Affen um ihre Jungen kümmern?

Liebe durchdringt und erfüllt diese Schöpfung. Und was die Schöpfung erfüllt, ist auch

der Wesenskern des Bewußtseins. Darum sagt Jesus: »Liebe ist Gott. Gott ist Liebe.« Es ist das gleiche.

Du bist Liebe

Die Menschen vertrauen auf Kristalle und sagen, der Kristall sei voller Energie. Du vergißt Dich selbst dabei, denn Du selbst bist Energie, eine Masse von Energie, gehende, sich bewegende, sprechende, sitzende Energie.

Warum verlaßt ihr euch auf Steine? Ihr seid eine bessere Energie als ein Stein. Das habt ihr vergessen. Selbsterkenntnis fehlt. Das Selbst ist Energie, das Selbst ist Friede und das Selbst ist das Wissen, das Gewußte und der Wissende. Dieses Bewußtsein ist Liebe. Du bist Liebe. Das zu verstehen und zu leben, ist spirituelles Leben.

Schönheit

Wenn jemand voller Streß und Spannungen ist, kann er Schönheit nicht richtig wertschätzen. Nur wer friedvoll ist, kann Schönheit achten. Mitten im Krieg ist es nicht möglich, Schönheit zu schätzen. Alles, was man dann wünscht, ist Erleichterung.

Schönheit verbinden wir immer mit Anziehung, mit Wohlgefallen, mit weltlichen Freuden. In der abendländischen Tradition wurde Schönheit nie aufgegriffen, sondern als Versuchung und vom Göttlichen ablenkend betrachtet. Doch wenn man friedvoll ist, bewegt sich der Geist vorwärts, zum Schönen hin, zu Blumen, zur Natur, zu den Menschen. Diese Schönheit als Gott zu erkennen und zu verehren, ist etwas anderes. Schönheit erzeugt Glückseligkeit. Wenn der Aspekt der Schönheit nicht in die spirituelle Praxis aufgenommen wird, dann fehlt die Freude, die Ekstase.

Gewöhnlich weckt es den Besitzwunsch, wenn man etwas Schönes sieht. Du siehst ein schönes Gemälde und sofort willst Du es besitzen. Du bringst es nach Hause, hängst es an die Wand, und das war's. Es ist die Neigung,

Schönes besitzen zu wollen, durch die Schönheit in Häßlichkeit verwandelt wird.

Die ganze Welt ist eine Welle von Schönheit auf dem Ozean Gottes. Schönheit ist kein äußeres Ereignis, sie ist ein subjektives Phänomen. Was für Dich schön ist, muß nicht für jeden anderen auch schön sein. Die Idee der Schönheit lebt im Bewußtsein. Immer, wenn man Schönheit empfindet, erhebt sich das Bewußtsein in einer Welle, aber wenn man sich dem Bewußtsein nicht öffnet, vergeht das Glücksgefühl wieder. Wenn Du nach außen schaust, dann schaust Du und schaust – und die Schönheit vergeht. Nur im reinen Bewußtsein des Seins ist die Schönheit immer wieder neu.

Schönheit kommt in Wellen. Sie bleibt nicht gleich, sondern entsteht ständig neu, wie Wellen. Man kann nicht üben, Schönheit zu sehen. Man braucht nicht zu lernen, ob etwas schön ist oder nicht. Man muß nur entspannt, friedvoll und frei von Fiebrigkeit sein, dann steigt Schönheit wie Wellen in einem auf. Heute bewundert man diese Blume, morgen jene, übermorgen etwas anderes. Es sind alles Wellen, Wellen um Wellen.

Was macht Dich schön?

Wenn Dein Geist nicht klagt, wenn er verantwortungsvoll, mutig, zuversichtlich und leer ist, bist Du unaussprechlich schön.

Ein Mensch, der nichts unternehmen kann, um eine Sache zu berichtigen, hat kein Recht zu klagen. Wenn ein Mensch handeln und verbessern kann, wird er niemals klagen. Klagen ist ein Zeichen von Schwäche. Es ist Ausdruck völliger Unwissenheit, in der man keine Ahnung vom Selbst hat.

Klagen nimmt Dir alle Schönheit, die Dir angeboren ist. Und es stört besonders bei jemandem, der sich auf dem spirituellen Weg befindet. Der weltliche Geist klagt, der göttliche Geist tanzt. Zu klagen, ohne Hinweise auf eine Lösung zu geben, ist verantwortungslos. Es braucht Mut, wenn sich Lösungen als undurchführbar erweisen, abweichende Lösungen zu finden.

Für äußere Schönheit legst Du Sachen *an;* für wahre Schönheit mußt Du alles *ab*legen. Für äußere Schönheit mußt Du Dich zurechtmachen. Doch erkenne, daß Du für wahre Schönheit bereits ausgestattet bist.

In verschiedenen Stadien erscheinen verschiedene Dinge als schön. Doch nicht das Objekt ist schön, es ist Deine Empfindung, die Welle in Dir, die Deine Natur ist. Es werden unaufhörlich Wellen der Schönheit kommen, wie Meereswogen. Wenn sie immerzu fließen, ohne Pause, ist das Erleuchtung.

Singen

Feiert jeden Tag und jeden Augenblick! Wenn man feiert, ist man dem Göttlichen sehr nahe. Deshalb gibt es Feiertage. Gott ist absolute Freude, er ist voller Freude. Wenn wir zusammensitzen und sprechen oder wenn jeder alleine sitzt und denkt, steigen viele verschiedene Gedanken auf. Aber wenn gesungen wird, dann sind es dieselben Worte, die im Geist und im Bewußtsein von allen klingen. Wir teilen die gleiche Melodie, wir singen *Bhajans.* Bhajan bedeutet teilen. Doch was teilen wir? Wir teilen alles, was göttlich ist, und das Göttliche ist Glückseligkeit.

Wenn wir also glückselig sind, dann teilen wir. Wenn wir voller Liebe sind, dann drücken wir ›Bhajan‹ aus. Wenn wir feiern, ist unser Leben voller Freude und Lachen, nicht so ernst. Dann sind wir dem Dasein sehr nahe, denn das Dasein feiert immer und überall.

Wenn man feiert, wird Energie erzeugt. Und umgekehrt, wenn Du klagst oder Deinen Kopf mürrisch hängen läßt, wird keine Energie erzeugt. Statt dessen werden Krankheit, Dumpfheit und Negativität erzeugt. Die Energie, die durch das Feiern erzeugt wird, zerstört alle Negativität. Und wenn ihr singt, dann feiert ihr. Singt mit ganzer Hingabe, um zu feiern! Darin besteht der Wert des Singens. Singt, lacht, tanzt und meditiert! Füllt euer Leben mit Feiern und Erneuerung! Das ist etwas, was nie langweilig wird.

Im Geist sind andauernd irgendwelche Gedanken, wichtige und unwichtige. Durch Singen können wir den Geist zur Ruhe bringen. Wenn man singt, werden die Gedanken weniger und weniger. Singen erzeugt eine andere Art von Gedanken; es ist ein Klang, ein Gedanke, der nicht viel mit Bedeutung zu tun hat. Um die Gedanken zur Ruhe zu bringen, singe – und Du entspannst Dich.

Klänge sind Teilchen der unendlichen Energie. Bestimmte Klänge erzeugen bestimmte Energiemuster. Und beim Singen erzeugen die Wörter, die Klänge, entsprechende Energiemuster in Deinem Nervensystem. Sie reinigen, lindern und energetisieren das Nervensystem. Etwas sehr Tiefgehendes und Wunderbares geschieht. Singen war schon immer Teil aller Religionen.

Der Zweck von Musik ist, zum Selbst zurückzukehren, zur Stille. In tiefer Stille ist Musik. Du bist Musik. Du bist eine ungesungene Melodie, die jemand spielt. Erlaube diesem Jemand, das Lied in ganzer Fülle zu spielen...

Wach auf!

Wach auf, in diesem Augenblick, und sieh, wer Du bist! Beschreibst Du Dich anhand Deines Aussehens, Deines Alters, Deiner Arbeit, Deiner Beziehung zu anderen Menschen? Du bist so viel mehr als das. Du bist mehr als Dein Körper, mehr als Deine Gedanken und Gefühle, die sich ständig verändern. Du bist das, was sich nicht verändert. Du bist grenzenloses Bewußtsein.

Was ist Bewußtsein? Bewußtsein erfährt Werte und bringt sie zum Ausdruck. Werte sind mit Gefühlen verbunden, sind etwas, das man nicht vollkommen in Worte fassen oder mit dem Verstand beschreiben kann. Die Werte, die das Leben erhöhen, sind Vertrauen, Zusammenarbeit, Mitgefühl und Liebe, Begeisterung, Dynamik, Glaube und Wissen.

Diese Werte kommen nur aus dem Bewußtsein. Wir glauben, wir könnten Glück oder Wohlbehagen im Materiellen finden, doch aus eigener Erfahrung wissen wir, daß materielle Annehmlichkeiten allein nicht ausreichen. Glück ist eine Eigenschaft des Bewußtseins. Es hängt nicht von materiellen Gegebenheiten ab, sondern viel mehr von unserer Einstellung und unserem Verständnis. Wenn wir die Werte des Bewußtseins anheben, gewinnt das Leben seinen größten Reichtum.

Friede ist Deine Natur

In jedem Augenblick und überall kannst Du einfach dasitzen und loslassen. Du weißt: In Dir ist ein Himmel, ein Himmel voller Sterne – Sterne der Liebe, Sterne der Schönheit, Sterne des Zaubers, ein Himmel ohne Wolken, ein klarer, reiner Raum, weit und tief. Dieser blaue innere Raum, das bist Du. Dies zu spüren heißt, Deine spirituelle Dimension zu kennen.

Ich bin Friede. Aus diesem Frieden bin ich gekommen, in diesem Frieden bin ich, zu diesem Frieden werde ich zurückkehren. Friede ist mein Ursprung und mein Ziel. Ich bin Raum. Ich bin Friede. Ich bin Liebe.

Diese innere Gewißheit macht Dich zu einem fortgeschrittenen Schüler spirituellen Wissens.

Selbstvertrauen

Wer kein Selbstvertrauen hat, kann nichts in der Welt erreichen. Vertrauen beseitigt Zweifel. Zweifel ist das Gegenteil von Vertrauen. Wenn Zweifel verschwinden, kommt Zuversicht. Deshalb mußt Du verstehen, was Zweifel sind, um Selbstvertrauen zu finden.

Zweifel richten sich immer gegen etwas Positives. Du zweifelst an jemandes Redlichkeit, Du zweifelst nie an seiner Unredlichkeit. Du zweifelst an der Güte anderer Menschen, aber niemals an ihren schlechten Eigenschaften. Wenn jemand sagt: »Ich liebe dich sehr«, dann fragst Du: »Wirklich?« Aber wenn jemand sagt: »Ich hasse dich«, erwiderst Du niemals: »Wirklich?«

Du zweifelst an Deinen eigenen Fähigkeiten, aber Du zweifelst nie an Deiner Unfähigkeit. Du weißt ganz sicher, daß Du keine zweihundert Kilo heben kannst. Du denkst, Du kannst nie der Premierminister eines Landes sein. »Unmöglich!« Aber Du weißt gar nicht, welche Fähigkeiten Du wirklich hast. Wenn Du Präsident oder Premierminister wärest, würdest Du Deine Sache gut machen, doch Du

zweifelst daran. Du zweifelst an Deinen Fähigkeiten.

Auf dem spirituellen Pfad lernst Du, die Dinge intuitiver und mit größerer innerer Freiheit zu behandeln. Deine Eßgewohnheiten verbessern sich, Deine Wahrnehmung wird klarer, Dein Herz wird größer. Welche Position Du auch einnimmst, Du wirst die Fähigkeiten entwickeln, die Sache zu meistern.

Was sollst Du also tun? Du läßt Deine Zweifel einfach beiseite, weil Du weißt: »Wenn ich Zweifel habe, dann muß da etwas Gutes sein.« Ich meine damit nicht, daß Du jegliche Zweifel aufgeben sollst. Ich sage, betrachte Deine Zweifel. Verstehe zunächst Deine Zweifel selbst, bevor Du zu verstehen versuchst, was Du bezweifelst. Zweifel zeigen Dir einen Weg voranzukommen. Das ist sehr gut. Ich sage nicht, zweifele nicht. Ich sage, zweifele so viel Du nur kannst. Schreite voran und zweifele. Tue es mit hundert Prozent Deiner Kraft. Das wird Dir helfen, es durchzustehen. Wenn Du erst die Hürde der Zweifel genommen hast, folgt weiterer Fortschritt.

Vertrauen ist Dein Schatz

Wenn Du glaubst, Du tätest Gott einen Gefallen, indem Du an ihn glaubst, so irrst Du. Der Guru hat nichts davon, wenn Du ihm vertraust. Und Gott hat auch nichts davon, wenn Du ihm vertraust.

Vertrauen ist *Dein* Reichtum. Vertrauen gibt Dir sofort Kraft. Vertrauen bringt Dir Stabilität, innere Sammlung, Ruhe und Liebe. Vertrauen ist ein Segen.

Wenn es Dir an Vertrauen mangelt, mußt Du um Vertrauen beten. Aber um zu beten, benötigst Du Vertrauen. Dies ist ein Paradoxon!

Die Menschen haben Vertrauen in die Welt. Doch die ganze Welt ist nur eine Seifenblase. Die Menschen haben Vertrauen in sich selbst. Doch sie wissen nicht, wer sie sind. Die Menschen meinen, sie hätten Vertrauen in Gott. Doch sie haben keinen Schimmer von Gott.

Es gibt drei Arten von Vertrauen:

❶ Vertrauen in Dich selbst. Ohne Vertrauen denkst Du: »Ich kann das nicht. Das ist nichts für mich. Ich werde niemals in diesem Leben Befreiung erlangen.«

❷ Vertrauen in die Welt. Du mußt Vertrauen in die Welt haben, sonst kannst Du Dich keinen Schritt in der Welt bewegen. Du bringst Geld auf die Bank, weil Du darauf vertraust, daß es zurückgezahlt wird. Wenn Du alles auf der Welt in Zweifel ziehst, wird nichts geschehen.

❸ Vertrauen in das Göttliche. Vertraue dem Göttlichen und Du wirst Dich entwickeln.

Alle diese Arten von Vertrauen stehen miteinander in Verbindung. Du mußt Dir alle drei zu eigen machen, damit jede einzelne von ihnen stark ist. Wenn Du anfängst, in einem Bereich zu zweifeln, wirst Du auch alles andere bezweifeln.

Ein Atheist zum Beispiel denkt, er habe Vertrauen in sich und Vertrauen in die Welt, aber nicht in Gott. Tatsächlich hat er kein vollständiges Vertrauen in sich. Und sein Vertrauen in die Welt kann auch nicht beständig sein, denn es gibt immer Veränderungen.

Ein Mangel an Vertrauen in Gott, in die Welt oder Dich selbst erzeugt Furcht. Vertrauen in Dich bringt Freiheit, Vertrauen in die Welt bringt Dir Frieden des Geistes und Vertrauen in Gott weckt Liebe in Dir.

Vertrauen in die Welt ohne Gottvertrauen bringt keinen vollständigen Frieden. Wenn Du aber von Liebe erfüllt bist, folgen Friede und Freiheit von selbst. Menschen, die gestört sind, sollten ihr ganzes Vertrauen in Gott setzen.

Sehnsucht nach Liebe

Höre auf, Dich nach Liebe zu sehnen! Das ist der Weg, Liebe zu bekommen, Liebe zu verwirklichen. Solange der Wunsch da ist, bringt er Dich nur weiter von der Liebe ab.

So geht es in der Welt zu: Du erfährst Liebe, einen Schimmer von Liebe, und dann sehnst Du Dich danach. Je mehr Du Dich mit dem Wunsch beschäftigst, desto mehr leidest Du. Du gehst in die falsche Richtung. Die Sehnsucht wächst. Geh da hindurch, geh durch die Sehnsucht hindurch! Sie geht weiter und weiter und weiter. Aber irgendwann wird die Sehnsucht umschlagen, und Du wirst Liebe erfahren.

Wenn Du aufhörst, Dich nach Liebe zu sehnen, nennt man das Leidenschaftslosigkeit. Dadurch wird der Prozeß beschleunigt. Du wirst erkennen, daß Du Liebe bist. Und Du wirst außerdem erkennen, daß Liebe immer da war und daß sie beständig zu Dir kommt, unaufhörlich. Es war Dein kleiner Geist, der den Fluß der Liebe behindert hat. Es ist der dunkle Vorhang vor Deinem Fenster, der das Licht nicht hereingelassen hat. Der Tag ist schon vor einer Weile angebrochen, aber Deine Vorhänge haben Dein Zimmer verdunkelt.

Du denkst, Leidenschaftslosigkeit bringe Mangel an Freude mit sich, aber das ist nicht so. Leidenschaftslosigkeit *ist* Freude. Leidenschaftslosigkeit bedeutet Fülle an Freude. Wenn Du sagst: »Ich will nichts«, dann heißt das, Du hast alles. Leidenschaftslosigkeit bedeutet, die Fülle zu erkennen und dankbar zu sein für alles, was Du bekommen hast. Es ist Leidenschaftslosigkeit, wenn Du keinen Mangel empfindest, wenn Deine Liebe allumfassend ist, wenn es nichts gibt, was Dir fehlt oder was Du vermißt. Wenn Du das Vertrauen und die Gewißheit hast: »Mir wurde gegeben, was ich gebraucht habe, und alles, was ich noch brauchen werde, wird mir gegeben werden«, dann bist Du leidenschaftslos und gelassen.

Seht, es gibt eine Reihe von möglichen Situationen. In einer steigt Dein Wunsch überhaupt nicht auf. Bevor der Wunsch entsteht, ist er bereits befriedigt. Das bedeutet, bevor Du Hunger empfindest, ist das Essen schon fertig. Es gibt keinen Grund, einen Wunsch zu haben. Versteht ihr, was ich sagen will? Dies ist die glücklichste Situation, in der Wünsche keinen Platz haben. Sie entstehen gar nicht erst, weil bereits alles zur Verfügung steht, bevor sie entstehen können.

Wie man Liebe zum Ausdruck bringt

Du empfindest große Liebe für jemanden, aber der nimmt sie nicht an. Was tust Du? * Du bist frustriert. * Du kehrst die Liebe in Haß und Rachegelüste um. * Du erinnerst den anderen wieder und wieder daran, wie sehr Du ihn liebst und wie wenig er Dich liebt. * Du wirst überempfindlich und griesgrämig. * Du bekommst Wutanfälle. * Du fühlst Dich gedemütigt und versuchst, Dein Ansehen zu wahren. * Du beschließt, niemals wieder zu lieben. * Du fühlst Dich verletzt und schlecht behandelt. * Du versuchst, distanziert und gleichgültig zu sein.

Hab Geduld! Sei in Deiner Mitte und halte Dich damit zurück, Deine Liebe zu zeigen. Manchmal stößt ein Übermaß an Liebesbezeugungen andere nur ab. Drück Deine Liebe auf andere Weise aus. Nimm es als selbstverständlich an, daß der andere Dich liebt, und akzeptiere, wie er seine Liebe zum Ausdruck bringt.

Stell Dir eine Mutter mit drei Kindern vor. Ein Kind spricht, ein Kind spricht nicht, ein

Kind bekommt einen Trotzanfall. Wie sich die einzelnen Kinder auch verhalten, die Liebe der Mutter ist immer gleich.

Erkenne des anderen Liebe für Dich aufrichtig an. Das wird Deine Forderungen in Dankbarkeit verwandeln. Je dankbarer Du im Leben bist, desto mehr Liebe begegnet Dir. Wisse, daß Schmerz ein Teil der Liebe ist, und übernimm die Verantwortung dafür. Sieh ein, daß Du Dich elend fühlst, wenn Du aus Deiner Mitte fällst, und daß die Natur des Weltlichen Elend ist.

Wenn Du erkennst, daß jeder ein Teil von Dir ist, dann genießt Du die ganze Welt ohne ein Gefühl von Verlangen.

Beziehungen

Die ganze Welt ist nur ein Spielzeug für euch. Alle Beziehungen und dieses ganze Drama sind verschiedene Spielzeuge, mit denen ihr zu verschiedenen Zeiten spielt.

Du suchst nach Deiner Zwillingsseele, die extra für Dich gemacht ist? Vor zehn Jahren hast Du jemandem gesagt, er sei Deine Zwillingsseele und ihr werdet für immer zusammenbleiben. Nach zwanzig Jahren scheint das nicht mehr zu stimmen. »Wir haben nicht zusammengepaßt, es war wohl ein Irrtum«, sagt der Geist und dann: »Okay, Zukunft, wer ist der Nächste?«

Ich sage euch, dasselbe wird mit dem Nächsten auch passieren, weil ihr jede Liebe häßlich macht. Ihr versucht zu besitzen, ihr versucht, eure Bedingungen zu stellen. Ihr habt nie gelernt, bedingungslos zu lieben. Ihr habt nie gelernt, den Menschen Freiraum zu geben. Ihr seid nie verliebt gewesen und gleichzeitig in eurer Mitte geblieben. Ich habe nichts dagegen, daß ihr verliebt seid, aber ich sage euch, blickt in euer Inneres, *dann* werdet ihr erblühen.

Alle Sinnesfreuden der Welt sind wie Einwickelpapier: Die wahre Seligkeit ist die göttliche Gegenwart darin. Göttliche Liebe ist das Geschenk, aber wir halten das Papier fest und glauben, wir hätten das Geschenk schon genossen. Es ist, als ob Du die Schokolade mit dem Papier drum herum in den Mund steckst. Vielleicht saugst Du etwas Schokolade heraus, aber das Einwickelpapier verursacht Dir Wunden im Mund.
Pack das Geschenk aus!
Die ganze Welt ist zu Deiner Freude da. Die Weisen wissen, wie man die innere Gabe genießt, während die Unwissenden am Packpapier hängen bleiben.

Engl.: *presence* = Gegenwart; *present* = Geschenk

Wie man mit grobem Verhalten umgeht

Was tust Du, wenn sich jemand Dir gegenüber grob verhält? Du regst Dich auf, oder Du reagierst ebenfalls grob. Du wirst frustriert. Du läufst fort und gehst der Person oder den Umständen aus dem Weg. Du tadelst die Person oder Du hältst ihr eine Predigt.

Keine dieser Verhaltensweisen wird Dich in irgendeiner Weise stärken. Also welche Möglichkeiten hast Du sonst? Sieh grobes Verhalten anderer einmal so: Es zeigt, wie engagiert die Person ist. Es zeigt ihr Ausmaß an Streß und Gefühllosigkeit. Es ist ein Ausdruck davon, was für eine Kinderstube die Person hatte. Es zeigt ein Verhaltensmuster, Mangel an Wissen oder an Beobachtung des eigenen Geistes und seiner Empfindungen. Es zeigt Dir auch ein Verhalten, das vermieden werden sollte. Und es ist eine Gelegenheit für Dich, Grobheit willkommen zu heißen und sie anzunehmen. Es stärkt Deinen Geist. Es offenbart die Liebe, die Du bist, als bedingungslos.

Wenn das nächste Mal jemand grob zu Dir ist, dann stell sicher, daß Du Dich nicht auf-

regst. Antworte mit einem strahlenden Lächeln. Wenn Du Grobheit wegstecken kannst, kann Dich überhaupt nichts mehr erschüttern.

Erinnerung

Erinnerung macht Dich unglücklich oder weise. Die Erinnerung an Erfahrungen und Ereignisse in der sich ständig verändernden Welt - ob es nun gute oder schlechte sind -, begrenzt die Unbegrenztheit des Selbst. Sie bindet Dich.

Die Erinnerung an Dein wahres Wesen, das unveränderliche Selbst, erweitert und erhebt Dein Bewußtsein. Das befreit Dich. Was Du bist, bist Du aufgrund Deiner Erinnerungen. Wenn Du unwissend bist, ist es Deiner Erinnerung wegen. Und wenn Du erleuchtet bist, ist es auch Deiner Erinnerung wegen.

Das Unendliche zu vergessen, bringt Elend. Das Alltägliche zu vergessen, bringt Glückseligkeit.

Unangenehme Erinnerungen und Begrenzungen kannst Du überwinden, indem Du die unbeständige Natur der Welt und der Ereignisse erkennst. Erkenne, daß vergangene Ereignisse nicht in der Gegenwart existieren. Nimm die Vergangenheit an und laß sie los. Sei leidenschaftslos und in Deiner Mitte. Die Erinnerung an das Selbst wird in der Gesellschaft Erleuchteter und im Dienst für sie erlangt.

Wiedergeburt

Unser Körper ist wie eine Waschmaschine. Unser Geist ist wie Stoff. Liebe ist wie sauberes Wasser. Wissen ist wie Waschpulver. Jedes Leben ist ein Waschvorgang.

Der Geist tritt in den Körper ein, um gewaschen und rein zu werden. Wenn Du jedoch Erde statt Waschpulver einfüllst, werden Deine Kleider schmutziger als vorher. Du wirst die Kleider immer wieder in die Waschmaschine stecken müssen, um sie zu säubern. Und wenn Du immer wieder Erde zufüllst, wird sich der Vorgang immer wiederholen.

In ähnlicher Weise wirst Du viele weitere Geburten durchlaufen, bis Du aufhörst, die Fehler zu wiederholen, die Du schon früher begangen hast.

Wenn Du jemanden lobst, nimmst Du dessen gutes Karma an. Wenn Du jemanden tadelst, nimmst Du dessen schlechtes Karma an. Wisse dies und gib sowohl gutes wie schlechtes Karma an das Göttliche hin und sei frei.

Karma

Seltsam sind die Wege des Karma. Je mehr Du es verstehst, desto mehr staunst Du. Es bringt die Menschen zusammen und trennt sie. Es veranlaßt einige, schwach zu sein, und andere, stark. Es macht einige reich und andere arm. Alles Ringen in der Welt, gleich um was es geht, entsteht aus der Bindung durch das Karma. Es durchkreuzt alle Logik und alles Verstehen.

Diese Einsicht wird Dich darüber erheben, an den Ereignissen oder Personen hängenzubleiben, und wird Dir auf Deiner Reise zum Selbst helfen.

Allein menschliches Leben hat die Fähigkeit, frei von Karma zu sein. Doch nur ein paar Tausend streben es an, sich davon zu befreien. Durch Handlungen kann Karma nicht beseitigt werden. Nur durch Gnade werden karmische Bindungen verbrannt.

Auf dem spirituellen Weg verbessert sich die Wahrnehmung und der Ausdruck des Lebens. Wie Du wahrnimmst, wie Du das ganze Leben und die Welt betrachtest, verändert sich. Das kleine »ich, ich, mein, mein« verschwindet. Du siehst das Leben als eine Erscheinung. Du bist hier, und Du bist Teil des Flusses, Teil der Bäume und Berge, des Schnees und der ganzen Natur. Ein so beruhigendes Wohlbehagen entspringt diesem Wissen.

Selbstvorwürfe

Mach Dir keine Selbstvorwürfe! Wenn Du negative Eigenschaften an Dir feststellst, mußt Du Dir deshalb keine Vorwürfe machen. Wenn Du anfängst, Dich selbst zu tadeln, bist Du auch bereit, andere zu tadeln. Das Pendel beginnt zu schwingen. Du tadelst Dich selbst, und wenn Du Dich selbst tadelst, dann wirst Du auch andere tadeln. Und wenn Du anderen Vorwürfe machst, dann machst Du Dir wieder selbst Vorwürfe. Ein Leben voller Vorwürfe für Dich und andere führt zu nichts. So ein Leben ist die Hölle.

Deshalb solltest Du ganz bewußt andere Menschen loben. Und denk daran, Dich selbst auch zu loben! Wenn Du Dich selber loben kannst, dann brauchst Du kein Lob von anderen. Wir denken oft, sich selbst zu loben bestärke das Ego, aber in Wirklichkeit kann das Ego sich nicht selbst loben. Es hofft vielmehr, daß es von anderen gelobt wird. Wenn Du Dich selbst loben kannst, wirst Du Dich nicht darum kümmern, ob Dich andere loben oder nicht.

Und sei Dir bewußt, daß alles Lob sowieso zum Göttlichen geht. Wenn Du sagst: »Du hast wunderschöne Augen«, wer hat die schönen Augen gemacht? Das Göttliche. Wenn Du sagst: »Du hast eine sehr schöne Stimme«, wer hat die Stimme gegeben? Das Göttliche. Jedes Lob geht also zum Göttlichen, zum Schöpfer.

Was geschieht mit Dir, wenn Du lobst? Etwas in Dir scheint sich auszudehnen. Hast Du das schon einmal gefühlt? Etwas öffnet sich. Loben erweitert das Bewußtsein, Tadeln verengt das Bewußtsein. Weil die spirituelle Dimension ein Ausdehnen des Bewußtseins, des Geistes ist, wollen wir dem nicht durch Tadeln entgegenwirken.

Heute tadeln die Menschen sich selbst und gegenseitig so viel, daß sie das Bewußtsein der ganzen Welt ersticken. An jedem Arbeitsplatz, in jeder Situation findet man Tadel. Es gibt kein Leben ohne Tadel, aber es muß einen Ausgleich geben, und dieser Ausgleich kommt, wenn wir auch loben. Loben ist eine göttliche Eigenschaft. Der erste Schritt auf dem spirituellen Pfad ist also, aufhören zu tadeln und zu loben anfangen.

Ego

Wann regt sich das Ego? Wenn Du keine Aufmerksamkeit bekommst; wenn Du Aufmerksamkeit zu verlieren scheinst; aber auch, wenn Du Aufmerksamkeit bekommst.

Das Ego verursacht Schwere, Unbehagen, Angst, Sorgen. Das Ego hindert die Liebe am Fließen. Dem Ego entspricht Getrenntheit, Nichtdazugehörigkeit, Beweisen- und Besitzenwollen. Das Ego kann durch Erkennen der Wahrheit überschritten werden, wenn man sich fragt: »Wer bin ich?«

Für jemanden, der egoistisch ist, empfindest Du oft Verachtung oder Neid. Du solltest aber lieber Mitgefühl mit ihm haben.

Das Ego hat auch einen positiven Aspekt: Es treibt zu Leistung an. Man kann seine Arbeit aus Freude, aus Mitgefühl oder für das Ego tun. Die meiste Arbeit in der Gesellschaft wird getan, um das Ego aufzublasen. Im *Seva* (selbstloses Dienen) wird Arbeit aus Liebe getan.

Wenn Du erwachst und siehst, daß es nichts zu beweisen und nichts zu besitzen gibt, löst sich das Ego auf.

Gebet im Atem ist Stille. Liebe in der Unendlichkeit ist Stille. Weisheit ohne Worte ist Stille. Mitgefühl ohne Ziel ist Stille. Handlung ohne Handelnden ist Stille. Lächeln mit dem ganzen Dasein ist Stille.

Fehler

Gesegnet sind jene, die einen Fehler nicht als Fehler ansehen. Wenn Du einen neuen Fehler machst, ist es kein Fehler, weil Du eine wertvolle Lektion gelernt hast. Nur wenn Du den gleichen Fehler immer wieder begehst, dann ist das ein großer Fehler.

Ein Fehler ist etwas, das Dir auf lange Sicht Unglück bringt. Also warum würde jemand wissentlich einen Fehler machen? Ein Fehler bedeutet einfach, daß Du es versäumt hast, eine Lektion zu lernen, die sich Dir gestellt hat. Jammere nicht über Deinen Fehler, lerne einfach aus ihm!

Es ist schwer, Deine eigenen Fehler nicht zu sehen. Nach außen magst Du Dich rechtfertigen oder Deine Unschuld beweisen, aber ein Fehler verursacht Gewissensbisse. Rechtfertige Dich nicht und fühle statt dessen die Gewissensbisse! Sie führen Dich aus Deinem Fehler hinaus.

Und wenn es um die Fehler anderer geht, siehst Du die Person, die Du auf einen Fehler hinweist, als von Dir getrennt oder gibst Du ihr das Gefühl, ein Teil von Dir zu sein? Bringen Deine Worte noch mehr Verspannung oder erzeugen sie mehr Bewußtsein?

Häufig weist Du nicht auf einen Fehler hin, wenn es erforderlich wäre. Auch das ist ein Fehler. Auf einen Fehler hinzuweisen, ohne Zeit und Ort angemessen zu berücksichtigen, ist auch ein Fehler.

Ein Narr macht immer wieder die gleichen Fehler und lernt niemals aus ihnen. Weise ist, wer aus seinen eigenen Fehlern lernt. Aber am weisesten ist, wer aus den Fehlern anderer lernt.

Du wirst nicht nach Deinen Fehlern, sondern nach Deinen Tugenden beurteilt werden. Fehler gehören der Erde an, Tugenden dem Göttlichen.

Kritik

Wenn Dir jemand etwas sagt, sind das nur Wörter, die aus seinem Mund kommen und verklingen. Die Wörter als bleibend zu betrachten und im Geist zu behalten, ist Unwissenheit. Jemandes Kritik ist eine flüchtige Welle von Gedanken oder Energie, die kommt

und geht. Nicht einmal der Kritiker selbst wird später noch derselben Meinung sein. Aber Du hältst sie für alle Zeit fest: »Oh, das ist seine Meinung über mich!« Das ist Unwissenheit. Ein Bewußtsein, das frei von Unwissenheit ist, ist auch frei von Kummer.

Täuschung

Täuschung ist ein Irrtum der Wahrnehmung, und Täuschung als Täuschung zu erkennen, ist Wissen. Unsere Erfahrung der Welt beruht auf Wahrnehmung. Da jede Wahrnehmung trügerisch ist, ist auch die Welt, wie wir sie wahrnehmen, eine Täuschung. Erfahrungen stammen alle aus der Wahrnehmung. Die einzige Wirklichkeit ist der Wahrnehmende. Halte Ausschau nach dem Sehenden, dem Erfahrenden zwischen den Erfahrungen. Jede Erfahrung hinterläßt einen Nachgeschmack und vernebelt den Verstand.

Wach endlich auf! Schüttele Deinen Kopf von allen vergangenen Erfahrungen frei und richte Deinen Blick auf das reine Sein, das ich bin und das Du bist.

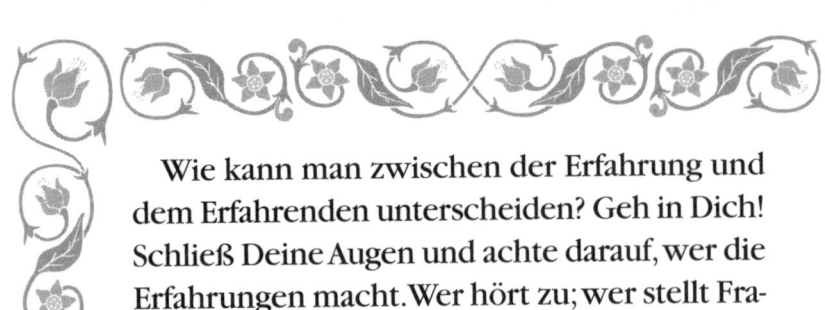

Wie kann man zwischen der Erfahrung und dem Erfahrenden unterscheiden? Geh in Dich! Schließ Deine Augen und achte darauf, wer die Erfahrungen macht. Wer hört zu; wer stellt Fragen? Wer hat Wünsche; wer hat Abneigungen? Wer erkennt; wer ist verwirrt?

Du findest vielleicht nicht gleich eine Antwort, aber das ist in Ordnung. Mach Dir nichts daraus.

Jenseits des Todes

Was ist der Tod, und was liegt jenseits des Todes? Die Natur hat euch im täglichen Leben eine kleine Ahnung vom Tod gegeben: den Schlaf. Der Tod ist eurem Schlaf verwandt. Im Wachzustand seid ihr mit vielen verschiedenen Aktivitäten beschäftigt. Doch was geschieht in dem Moment, in dem ihr einschlaft? Wohin geht ihr?

Ganz gleich, ob der Tag angenehm oder unangenehm gewesen ist, gibt der Schlaf euch tiefe Ruhe. Er nimmt euch in die Arme und tröstet und erfrischt euch (damit ihr euch am nächsten Tag weiter Sorgen machen könnt). Der Schlaf heilt und tröstet euch und bereichert

euren Wachzustand. Wenn ihr nicht schlaft, wird euer Wachzustand dumpf und unklar.

Wachen und Schlafen scheinen polare Gegensätze zu sein, doch sie ergänzen sich. Guter Schlaf macht euch wacher, nicht wahr?

Wenn ihr euren Schlaf beobachtet, werdet ihr viel über den Tod lernen. Wir schlafen Nacht für Nacht, aber wir sind unserem Schlaf nie begegnet. Habt ihr bemerkt, daß euer letzter Gedanke vor dem Einschlafen derselbe ist, wie der erste Gedanke, den ihr beim Aufwachen habt? Genauso ist es mit dem Tod. Tod ist ein langer Schlaf. Ihr legt einen Körper ab und geht in einen anderen Körper ein.

Der Tod ist ein Freund des Lebens. Das heißt aber nicht, man solle Selbstmord begehen! Das wäre eine falsche Vorstellung. So viele Menschen begehen Selbstmord, weil sie glauben, sie würden dadurch von ihrer Qual und ihrer Aufruhr befreit, aber sie werden das nächste Mal mit den gleichen Voraussetzungen geboren. Selbstmord ist keine Lösung, weil er euch nicht von eurem Kummer oder euren Problemen befreit. Der tiefe Wunsch zu leben, läßt jemanden Selbstmord begehen.

Wenn das Leben nur ein Spiel ist und wenn man es gelebt hat, dann umarmt man den Tod ganz natürlich, wenn er kommt. Die Furcht vor dem Tod dämpft das Leben, und die Furcht entsteht nur, weil wir ihn nicht kennen.

Schlaf, Meditation und Liebe sind gleichbedeutend mit Tod. Ihr seht den Christus am Kreuz hängen, den Kopf geneigt, tot. Das zeigt, daß Liebe, Tod und Schmerz zusammengehören. Was heißt Tod? Die Vergangenheit loslassen. Stirb jeden Augenblick, und Du wirst jeden Augenblick geboren. Alle Identitäten der Vergangenheit loslassen, die Vergangenheit als einen Traum sehen, das ist Tod.

So wie Schlaf Dich tröstet, kommt auch tiefer Trost in der Meditation. Und Du erkennst, daß alles in diesem Universum sich verändert, alles stirbt. Nenne mir etwas, das nicht stirbt. Pflanzen, Tiere, Menschen – alles stirbt. Und alles wird erneuert. Ein Weiser stirbt, ein Dummkopf stirbt auch; der Arzt stirbt ebenso wie der Patient. Häßliche und Schöne, Reiche und Arme, Faule und Fleißige sterben, einer wie der andere. Alle sterben. Stimmt's?

Diese Welt ist ein Ort, wo jeder und alles stirbt. Wacht auf und seht hin: Wovor habt ihr Angst? Manche Menschen haben Angst, schlafen zu gehen, weil sie Angst haben, nicht wieder aufzuwachen. Mangelndes Verständnis des Lebens verursacht Furcht. Menschen haben Angst vor der Liebe. Menschen haben Angst vor Meditation. Menschen haben Angst vor dem Tod. Manche haben Angst vor sich selbst.

Unwissenheit, mangelndes Bewußtsein, ist der Grund für Furcht. Nur ein kurzer Blick auf

das Sein, auf das Selbst, das Du bist, läßt Dich erfahren, daß Du jenseits des Todes bist. Das beseitigt die Furcht vollständig. Menschen, die einen kurzen Einblick in den Tod hatten, die einige Augenblicke klinisch tot waren und wiederbelebt wurden, haben genau das erfahren. Sie wissen dann, daß der Tod nichts ist, vor dem man sich fürchten müßte. Man weiß dann einfach, daß man viel mehr ist, als ein Körper. Man weiß: Mein Dasein hat kein Ende, das Selbst ist jenseits des Todes.

So, wie Du keine Angst hast, ein Schläfchen zu halten, weil Du sicher bist, wieder aufzuwachen. Wenn Du Zweifel hättest, ob Du wieder aufwachst, würdest Du dann schlafen gehen? Du würdest versuchen, die Augen immer offen zu halten.

Wie ich schon sagte, wird der letzte Eindruck in unserem Geist im nächsten Leben als erster Eindruck zu uns kommen. Wir können das bei Geschwistern beobachten. Sie haben die gleichen Erbanlagen und sind trotzdem sehr verschieden. Selbst Zwillinge sind verschieden. Warum? Weil die Seelen in den Körpern verschieden sind. Obgleich sie viele körperliche und geistige Ähnlichkeiten haben, ist etwas verschieden, das von früheren Eindrücken herrührt.

Unser Geist ist Energie. Und Energie ist unzerstörbar. Das wißt ihr alle. Der Geist ist eine

enorme Energie. Was geschieht mit dieser Energie, mit unserem Geist, wenn er den Körper verläßt? Er verkapselt sich in die Eindrücke, wie in einen unsichtbaren Ballon, und bleibt so, bis er in einem neuen Körper wieder zurückkommt. Versteht ihr?

Es gibt ein Sprichwort in Indien: »Wie dein Leben gewesen ist, macht nichts, aber der letzte Gedanke ist sehr wichtig.«

Es gibt sogar eine Geschichte darüber. König Ajamila war nicht sehr fromm. Er war sogar Atheist. Im Augenblick seines Todes rief er: »Hari, Hari«, was ein Name Gottes ist. Er rief aber gar nicht nach Gott, sondern nach seinem Sohn, der Hari hieß. Trotzdem, so heißt es, wurde er befreit, erreichte das Nirvana und wurde unsterblich, weil sein letzter Gedanke »Hari« war.

Das Wissen um den Tod macht Dich unsterblich. Eigentlich ist es falsch zu sagen, es mache Dich unsterblich, es macht Dir vielmehr bewußt, daß Du unsterblich bist. Seht ihr den Unterschied? Ihr seid schon immer unsterblich. Etwas in euch stirbt nie.

Ihr habt vielleicht bemerkt, wenn ihr jemanden nach längerer Zeit wiedersieht, dann denkt ihr: »Oh, er ist älter geworden.« Aber selbst fühlt ihr euch nicht älter. Fühlt sich irgend jemand hier alt? Wer einen gesunden Geisteszustand hat, wird selbst mit achtzig Jahren nicht

das Gefühl haben, alt geworden zu sein. Für andere mag man alt aussehen, das Haar ist ergraut, aber tief im Inneren fühlt man sich nie alt, weil es etwas in einem gibt, das nie altert.

Du bist vielleicht siebzig Jahre alt und hast die Kinder, die Du getragen hast, aufwachsen sehen. Inzwischen haben sie selbst Kinder. Alle haben sich verändert, nur *Du* hast Dich nicht verändert. Hast Du bemerkt, daß etwas in Dir nicht altert, sich nicht verändert?

Doch wir beachten es nicht. Wir verlieren uns so sehr in all unsere Aktivitäten. Wir haben keine Zeit, die Wahrheit, die wir sind, zu erkennen. Steh einmal ganz allein am Strand und frage Dich: »Bin ich gealtert, habe ich mich verändert? Oder gibt es etwas in mir, das gleich geblieben ist von Anfang an?«

Dein Anfang ist dasselbe wie Dein Ende. Das Leben ist ein Kreislauf. Tod bringt Geburt und Geburt führt zum Tod. Tod sollte gefeiert werden, nicht betrauert. Natürlich überkommt euch große Trauer, wenn ein Mensch stirbt, der euch nahe steht. Jemand, der mit euch gesprochen hat, mit dem ihr Umgang hattet, fehlt plötzlich. Wo ist er? Nur der Körper liegt noch da. Doch er ist nicht der Körper. Wo ist sein Geist, seine Seele?

Wenn jemand stirbt, entsteht plötzlich eine Leere, ein Vakuum. Dieser Leere solltest Du Dich öffnen. Wenn Du ganz in dieser Leere

aufgehst, dann weißt Du, daß auch Du diese Leere bist. Was bist Du? Was ist Dein Leben? Völlige Leere. Nicht nur der Tod ist Leere, auch das Leben ist Leere. Das ist Nirvana. Buddha hat gesagt: »Das Leben ist Leere. Leere ist Wahrheit. Die Formen sind Illusion, sie haben keine Existenz. Das Formlose ist die einzige Existenz.«

Das Formlose bestimmt die Formen. Dein Geist hat keine Form. Hat er Form, Gestalt, Farbe, Geschmack? Hast Du jemals Geist geschmeckt? Der Geist ist formlos und jenseits aller fünf Sinne. Und beherrscht nicht der Geist Deinen Körper? Wenn Du Dein Auto über die Autobahn fährst, was bewegt den Wagen, Dein Körper oder Dein Geist?

Wenn der Geist nicht im Körper ist, kann der Körper alleine gar nichts machen, denn das Formlose beherrscht unser Leben. Das Formlose beherrscht die Welt. Und es gibt eine größere Formlosigkeit, die die ganze Schöpfung regiert. Du bist das Zentrum dieser größeren Formlosigkeit, wie Du sie auch nennen willst: Gott, Nirvana, Geist, Bewußtsein, Seele, was auch immer.

Früher gingen Menschen zum Meditieren auf den Friedhof. Die Vorstellung, selbst einmal dort zu liegen, bringt Gleichmut. Sich daran zu erinnern, daß sich der Körper in Staub verwandeln wird, macht fröhlicher, nicht traurig. Ich habe viele Menschen gesprochen, die un-

heilbar krank sind. Sie sagten mir, jetzt hätten sie angefangen, das Leben voll auszukosten. »Die Qualität meines Lebens hat sich unglaublich verbessert. Bisher habe ich nur existiert, ich habe nicht einmal bemerkt, daß ich lebe. Aber jetzt lebe ich wirklich. Alles, was ich tue, tue ich hundertprozentig. Ich genieße es vollständig, weil ich weiß, daß ich bald sterben werde.«

Meditation ist der Erfahrung der Leere sehr ähnlich. In der Meditation erkennst Du, daß Du mehr bist als bloß der Körper. Das beseitigt die Furcht vor dem Tod. Meditation ist wie das Abwischen einer Tafel. Auf der Tafel des Bewußtseins stehen so viele Dinge geschrieben. Wenn man darauf schreiben will, muß man sie vorher sauberwischen. Sonst schreibt man immer wieder übereinander und kann nichts mehr lesen. Das Leben ist ein solches Durcheinander, weil so viele Eindrücke übereinander geschrieben sind.

Das Wissen über den Tod wird die Qualität eures Lebens verbessern. Das Wissen über den Atem erreicht dasselbe, es macht euch stark und stabil. Wenn ihr euch um den Atem kümmert, werden euch viele Geheimnisse des Lebens offenbart. Die Erinnerung wird so klar, daß man alles weiß, was seit Jahrtausenden geschehen ist, und man hat auch eine Intuition davon, was in Zukunft geschehen wird.

Unser Geist ist so ein gutes Werkzeug. Er hat die Fähigkeit, voraus- und zurückzublicken. Doch bevor man nicht vollständig in der Gegenwart lebt, ist die Sicht auf die Vergangenheit und die Zukunft nicht so klar. Das ist eine Sicherheitsmaßnahme der Natur. Es ist gut, daß ihr die Vergangenheit nicht erinnert, sonst würdet ihr darüber brüten und euch Sorgen machen. Stell Dir vor, Du würdest Dich daran erinnern, daß Du einmal in einer prächtigen Villa gelebt hast, und jetzt lebst Du in einer Hütte. Oder wenn Du meinst, jemand hat Dir in früheren Leben Unrecht getan, dann würdest Du ihm auch in diesem Leben noch grollen.

Wissen über frühere Leben erlangt man erst, wenn man intelligent und reif genug ist, in der Gegenwart zu leben. Und das ist gut so, weil es nicht gut ist, ständig an die Vergangenheit zu denken. Und es ist auch nicht nötig, alles über die Zukunft zu wissen, weil dann der Spaß dahin wäre. So kannst Du ein paar Überraschungen erleben, das ist ein Nebeneffekt. Aber das Wichtigste ist, dieses Eine in Dir zu erfahren, das sich nicht verändert, das nicht stirbt, das nicht verfällt.

Alles, was wir im Leben getan haben, wird blitzartig im letzten Augenblick vor uns erscheinen. Und wenn wir im Leben etwas Lebensförderndes tun, werden wir diese Eindrücke mitnehmen. Darum messen wir all den menschlichen Werten wie Freundlichkeit und Mitgefühl so großen Wert bei, weil sie wie eine Zukunftsinvestition sind. Je energievoller dieser Ballon ist, in den sich der Geist einhüllt, umso besser sind der Körper, die Situation und die Möglichkeiten, in die er wieder hineingeboren wird. Je schwächer er ist, umso schwächer wird der Körper sein, unterernährt und in einer Umgebung voll Gewalt. Warum werden einige Menschen in eine gewalttätige Umgebung geboren und andere in eine friedliche? Es zeigt die Art der Eindrücke, die man aus der Vergangenheit mitbringt; aber da spielen auch noch andere Faktoren eine Rolle.

Für jede Seele, für jedes menschliche Wesen gibt es die Hoffnung, bedingungslose Liebe zu leben. Darum ist der menschliche Körper so kostbar, denn in diesem Körper hat man die Möglichkeit, alle unerwünschten, negativen Eindrücke auszulöschen.

Der stärkste Eindruck ist Angst. Das menschliche Nervensystem hat die Fähigkeit, Angst durch Meditation auszulöschen. Wenn Du meditierst, werden Deine Ängste einfach aufsteigen, sich auflösen und verschwinden. Du weißt nicht, wann Dein letzter Augenblick kommt. Im letzten Augenblick kannst Du keinen neuen Eindruck aufnehmen. Der älteste und stärkste wird auftauchen. Darum meditiere und mach das zu Deinem stärksten Eindruck.

Wenn wir im Leben nicht verstanden haben, was das Leben ist, wollen wir nach dem Tod wissen, was das Leben ist. »Oh, ich habe gelebt und habe es nicht gefühlt, nicht erfahren nicht er*lebt*. Ich will zurückkehren, um herauszufinden, was das Leben ist.« Im Leben bist Du neugierig auf den Tod, im Tod bist Du neugierig auf das Leben. Es geht weiter und weiter, wie eine Kette.

Wenn die Eindrücke der Negativität unerträglich werden, sehnt sich ein Mensch nach Ruhe und Trost, und dann kommt es vor, daß er Selbstmord begeht. Das ist so unglückselig, weil er nicht Selbstmord begehen würde, wenn er Wissen über Meditation hätte. Wer Meditation oder Atemübungen gelernt hat, kann alle physischen Stresse beseitigen und seine Angst auflösen.

Es ist, als ob man friert und deshalb Mantel und Jacke auszieht. Wenn man mit Mantel friert, wird einem dann ohne Mantel wärmer? Das ist eine Dummheit. Aber genau das tun die Menschen, die Selbstmord begehen. Wißt ihr, sie bedauern es hinterher sehr. Sie haben eine gute Gelegenheit verpaßt.

In allen Religionen gibt es den Brauch, wenn jemand stirbt, für ihn zu beten, ihm gute Gedanken zu senden, einen Gottesdienst abzuhalten. Es ist etwas Wahres daran. Wenn ihr meditiert oder betet, wenn ihr dieser Raum der Weite, Ruhe und Liebe seid, strahlt ihr bestimmte Schwingungen aus. Diese Schwingungen sind nicht auf euch und eure Umgebung beschränkt. Sie berühren auch alle Gemüter oder Seelen, die außerhalb eurer physischen Realität sind. Eure Gebete transzendieren die physische Welt und erreichen die feineren Ebenen der Existenz. Gebet heißt nicht, viele Worte machen, sondern in diesem ruhigen, heiteren Raum sein, im meditativen Zustand.

Wenn ihr also meditiert, sendet ihr friedvolle Schwingungen aus, Wellen des Lichts. Das hilft denen, die den Körper verlassen und das andere Ufer erreicht haben. Darum heißt es, wenn jemand erleuchtet wird oder voll erblüht, würden sieben Generationen Frieden und Nutzen daraus erlangen. Wenn ihr meditiert und voll erblüht, werden sieben Generationen vor euch befreit, denn dieses Licht, diese Energie ist so mächtig, daß sie sieben Generationen der Vergangenheit erreicht und sieben Generationen von Menschen in der Zukunft beeinflußt werden, die mit euch in Berührung kommen.

Manche beklagen sich: »Ich meditiere, aber ich habe keine Erfahrungen.«

Ja, Du meditierst und die ganze Schwingung geht zu jemandem aus der Vergangenheit. Du bezahlst Deine Schulden. Du hast viel geliehen, und solange Du Deine Schulden nicht bezahlt hast, entsteht kein Guthaben. Aber das heißt nicht, daß Du nichts verdienst. Die Wirkung der Meditation ist da. Der Friede, die Gelassenheit, die Freude und das Glück dringen in die Gene ein.

Und wenn ihr meditiert, verbessert ihr nicht nur eure eigenen Gene, sondern auch die eurer Kinder. Es bewirkt eine Veränderung in eurem ganzen Körper. Und mit *Sudarshan Kriya*[*] erreicht man das sehr schnell. Es durchflutet den Körper mit so starker Energie, daß jede Zelle gereinigt wird. Es macht euch sehr frisch und lebendig.

Das elfte Gebot

Im Gedränge zu sein, wenn Du allein bist, ist Unwissenheit. Erleuchtung bedeutet, im Gedränge allein zu sein. Das Gefühl des Einsseins in einer Menge ist ein Zeichen von Weisheit. Das Wissen vom Leben bringt Vertrauen, und

---

[*]Sudarshan Kriya ist eine spezielle Atemübung, die im Kurs »Die Kunst des Lebens« gelehrt wird. Mehr dazu s. S. 117 ff.

das Wissen vom Tod macht Dich furchtlos und bringt Dich in Deine Mitte. Was ist Furcht? Getrenntheit erzeugt Furcht.

Einige wissen zu feiern, wenn sie sich in einer Menschenmenge befinden; einige können sich nur allein, in der Stille erfreuen. Ich rate Dir, beides zu tun.

Feiere, wenn Du alleine, und feiere, wenn Du mit anderen zusammen bist. Feiere die Stille und feiere den Lärm. Feiere das Leben und feiere den Tod.

Das ist das elfte Gebot.

Schmerz

Liebe wird von Schmerz begleitet. Nur weil Du jemanden liebst, kann Dich eine unbedeutende Handlung von ihm verletzen. Schmerz bedeutet, mit den sehr zarten Aspekten Deiner selbst in Berührung zu kommen. Was ist Schmerz? Irgendwo sticht es Dir ins Herz. Deine Gefühle sind sehr zart, sehr tief. Liebe verursacht die gleichen Gefühle. Trennung verursacht die gleichen Symptome. Sie bringt Dich zurück zu Dir selbst.

Beobachte einmal was geschieht, wenn Du verletzt bist. Es bringt Dich mit dem sehr sensiblen, zarten Aspekt in Verbindung, der Du bist. Es ist eng verbunden mit Liebe. Wenn Du jemanden nicht liebst, kannst Du von ihm nicht verletzt werden. Alle Deine Verletzungen haben ihre Ursache in Liebe. Es ist einfach der Mechanismus, daß etwas in dem sehr zarten Bereich Deines Geistes, im Bewußtsein, erschüttert wird.

Verstehe und akzeptiere dies, dann wirst Du die Verletzung nicht zu einer Wunde werden lassen. Vielmehr wird Dich genau diese Verletzung in tiefe Leidenschaftslosigkeit und Meditation führen. Wenn nur alle, die emotional verletzt werden, meditieren könnten, würden sie sehr tief in Meditation gehen. Wenn sie nur das zarte Gefühl von dem äußeren Ereignis trennen könnten, könnten sie sehr andächtig werden und tiefes Gebet wäre möglich. Tränen würden über ihre Wangen rollen und dieses sensible Gefühl würde sich in tiefe Dankbarkeit verwandeln. Verletzungen sind der Scheidepunkt, wo Du Haß hegen oder Dankbarkeit, Sammlung und Weisheit hervorbringen kannst.

Vivek

Wenn Du dem Vergnügen folgst, folgt Dir der Jammer. Wenn Du dem Wissen folgst, folgt Dir das Vergnügen. Wenn Du behauptest, daß Du niemanden auf der Welt hast, dann verleugnest Du mich. Und wenn Du mich verleugnest, kann ich nichts für Dich tun.

Vivek bedeutet zu wissen, daß sich alles verändert. Immer wieder mußt Du aufwachen, um zu sehen, daß sich die Welt, die Menschen, unser Körper, die Gefühle usw. ständig verändern. Wenn Du Kummer erlebst, so verstehe, daß Vivek überschattet worden ist.

Frage nicht, wozu Du hier bist, sondern finde heraus, wozu Du *nicht* hier bist. ✶ Du bist nicht hier, um zu tadeln. ✶ Du bist nicht hier, um zu weinen. ✶ Du bist nicht hier, um zu schlafen. ✶ Du bist nicht hier, um anzugeben. ✶ Du bist nicht hier, um zu streiten. ✶ Du bist nicht hier, um Kummer zu haben. ✶ Du bist nicht hier, um wütend zu sein. ✶ Du bist nicht hier, um Dich zu sorgen.

Sei wie der Himmel und Du kannst den Himmel umarmen. Sei wie das Meer und Du bist das Meer. So ungeheuer weit ist Dein Geist, Dein Bewußtsein, Dein Sein.
Du bist nicht nur dieser kleine Mensch, der hier seit dreißig, vierzig Jahren herumläuft. Das ist nicht Dein Leben. Dein Leben ist unendlich. Du bist so alt wie diese Berge und Du wirst immer da sein, solange diese Erde besteht – und noch länger.
Ihr seid unzerstörbar, und ich sage euch, euer Leben wird nie ein Fest, nie voll Freude sein, wenn es keine Wogen der Schönheit hat. Ohne Wellen der Schönheit wird es nie erfüllend sein.

Angst

Angst ist ein Eindruck aus der Vergangenheit, der sich in der Zukunft oder der Gegenwart widerspiegelt. Wenn man Angst leugnet, wird man egozentrisch, wenn man Angst anerkennt und annimmt, geht man darüber hinaus und wird frei.

Völlige Abwesenheit von Angst ist nur in äußerstem Durcheinander oder größter Ordnung möglich. Weder ein Heiliger noch ein Narr hat Angst. Aber überall dazwischen gibt es Angst.

Angst ist ein Ur-Instinkt. Sie ist zur Aufrechterhaltung der Ordnung in der Welt wesentlich. Angst vor dem Tod bewahrt das Leben. Angst vor dem Falschen bewahrt das Richtige. Angst vor Krankheit führt zur Hygiene. Angst vor Elend erhält Dich rechtschaffen. Ein Kind hat eine Spur Angst und dadurch ist es umsichtig und wach, wenn es herumläuft.

Angst ist Liebe, die auf dem Kopf steht. Alles, was in Begriffen von Liebe gedeutet werden kann, kann auch in Begriffen von Angst gedeutet werden. So kann zum Beispiel das Verhalten eines Kindes, das sich an seine Mutter klammert, in beiden Richtungen gedeutet werden: Es tut es aus Liebe oder aus Angst.

Der Ur-Instinkt der Angst kann durch das Gewahrsein der göttlichen Liebe vollkommen umgewandelt werden. Versuche nicht, die Angst zu besiegen. Meditiere einfach und wisse, daß Du nicht von Gott getrennt bist.

Negative Gedanken

Im Dienst Gottes zu stehen bedeutet, selbstlos zu sein. Je weniger Du Dir Sorgen darum machst, zu kurz zu kommen, desto näher bist Du Gott, desto gesammelter und gelassener bist Du, desto mehr verstehst Du, was real ist und was nicht. Je weniger Du Dich gefangen nehmen läßt, desto näher bist Du Gott. Je weniger ihr euch aneinander und an der Vergangenheit festklammert und je weniger ihr euch gegenseitig Fehler nachtragt, desto näher seid ihr Gott. Wenn Du diese Verhaltensweisen aufgibst, verringerst Du die Negativität um Dich herum. Deine Negativität erwächst aus Deinem Nicht-Dienen. Du kannst nie ein Schüler sein, wenn Du nicht gelassen bist.

Lebe im Raum der Liebe und Du wirst erkennen, daß die Verbindung zu jedem vollständig und umfassend ist. Vergleiche Dich nicht mit anderen, denn dann sagst Du: »Ich bin nichts wert.« Und was immer Du ausstrahlst, das wird auf Dich zurückfallen.

Wenn Du jemanden lieben willst, dann nimm es als sicher an, daß er Dich uneingeschränkt liebt, selbst wenn er es nicht tut. Du solltest diesen Gedanken hegen, daß er Dich sehr liebt. Andernfalls wirst Du in seine Richtung ausstrahlen: »Du liebst mich nicht.« Und genau das wird dann auf Dich zurückfallen. Deshalb denke nicht: »Ich bin unerwünscht, nutzlos und wertlos.« Nein! Denke, daß Du der einzige Geliebte des Göttlichen bist und daß Dich jeder sehr liebt. Lebe mit diesem Gedanken. Wenn Du denkst: »Die Welt haßt mich«, dann wird auch genau das geschehen.

Auf dem Weg zum höchsten Wissen, dem Brahman-Bewußtsein, wirst Du das ernten, was Du säst. Deshalb säe nicht solche Gedanken aus und bestärke sie. Wenn solche Gedanken kommen, ignoriere sie einfach und laß sie vorbeigehen. Nähre sie nicht. Sie mögen kommen, weil viele Gedanken in der Atmosphäre herumschweben. Denke dann einfach, es sei der Gedanke von jemand anderem. Laß ihn einfach kommen und gehen. Beobachte nur. Das wird *Vivek* (Unterscheidung) genannt, zu erkennen, welcher Same gewässert werden soll und welcher gar nicht erst ausgesät werden sollte. Du hast eine Schale mit vermischten Samen. Das ist Dein Geist, voller Gedanken. Sowohl Saatgut wie Unkraut ist in der Schale. Säe die Saat und nicht das Unkraut. Mach diese Unterscheidung. Und die gewiß beste Methode dafür steht Dir zur Verfügung: alles loslassen.

Kritiksucht

Auf verschiedenen Ebenen des Bewußtseins wird auch das Wissen verschieden sein. Auf einer bestimmten Bewußtseinsebene wird man »ohne kritiksüchtige Augen«, *Anasuya* sein.

Wenn ein Spiegel staubig ist, braucht man ein Staubtuch, um ihn zu reinigen. Aber wenn Deine Augen einen Grauen Star haben, dann hilft kein noch so heftiges Staubwischen. Du mußt zuerst den Grauen Star entfernen. Dann siehst Du, daß der Spiegel schon rein ist.

Es gibt eine bestimmte Geisteshaltung, die immer Fehler findet, selbst unter den besten

Umständen der Welt. Wenn Du einem Menschen mit dieser Geisteshaltung das Beste gibst, wird er immer noch etwas auszusetzen haben. Selbst am bestmöglichen Freund oder am allerschönsten Gemälde wird er immer noch etwas Störendes finden. Diese Art von Geisteshaltung kann das heilige Wissen nicht erfassen.

Krishna sagt zu Arjuna, daß er ihm das königliche Geheimnis mitteile, weil er *anasuya* sei. »Du findest keinen Makel an mir, obwohl Du mir so nahe bist.«

Aus der Entfernung kann man nicht einmal Krater erkennen. Aber aus der Nähe zeigen sich sogar auf einer glatten Oberfläche Löcher. Wenn Du nur an den Löchern interessiert bist, dann wirst Du die Großartigkeit der Dinge niemals sehen. Wenn Du nicht *anasuya* bist, kann Wissen nicht in Dir erblühen. Dann hat es auch keinen Sinn, Wissen zu geben.

Wenn Du erst erkannt hast, daß Du eine falsche Sichtweise hast, ist die Hälfte dieser falschen Sichtweise schon verschwunden. Es ist eine feine Gratwanderung. Und es kann dafür kein besseres Beispiel als das des Grauen Stars geben.

Fehler zu suchen, heißt zu sagen: »Die ganze Welt ist nicht in Ordnung, die ganze Welt ist nicht gut.« Anasuya heißt zu wissen: »Es ist meine eigene Sicht der Welt, die verschwommen ist.«

Von dem Augenblick an, da Du vom Wege abkommst, findest Du, daß alles ganz falsch ist. Du hast zum Beispiel eine Freundschaft, und nach zehn Jahren beschließt Du, sie zu lösen. Wenn Du sie löst, dann siehst Du nicht das Gute in dieser Beziehung. Du siehst Mängel.

Oder nehmen wir an, jemand kommt in Dein Haus. Es ist windig und deshalb schließt Du die Tür. Aber dieser Mensch denkt, ihm wäre von Dir die Tür ins Gesicht geschlagen worden. Das ist Asuya. Asuya heißt, Fehler finden, überall bösartige Absichten zu sehen. Es ist wie bei einem Kind, das sagt: »Mutter, Du liebst mich nicht.« Die Sicht des Kindes ist falsch. Wenn nicht die Mutter das Kind liebt, wer denn sonst? Es ist genauso, als ob jemand kommt und sagt: »Guruji, Du liebst mich nicht!« Wenn *ich* ihn nicht liebe, kann man das Ganze vergessen; niemand sonst in der Welt wird ihn lieben. Wo sonst wird er Liebe finden? Nirgends.

Streit ist das Wesen der Welt. Geborgenheit ist das Wesen des Selbst. Suche die Geborgenheit inmitten des Streits.

Urteile und gute Gesellschaft

Obwohl Du gehört hast, daß Du nicht urteilen sollst, ist es im täglichen Leben doch unvermeidbar zu urteilen. Du billigst oder mißbilligst Handlungen und Verhaltensweisen anderer Menschen.

Aber erinnere Dich stets daran, daß sich alles verändert, und halte an Deinen Urteilen nicht fest. Sonst verfestigt sich nämlich Dein Urteil wie ein Fels und bringt Elend über Dich und andere.

Wenn Urteile flüchtig wie Luft sind, wie ein Windhauch, dann bringen sie einen Duft mit sich und verfliegen danach. Sie könnten auch einen fauligen Geruch bringen und sich dann verflüchtigen. Auf jeden Fall sollten sie nicht für immer bleiben.

Urteile sind so subtil, daß Du oft nicht einmal bemerkst, daß sie da sind. Auch wenn man von jemandem sagt, er neige zum Urteilen oder Etikettieren, ist das ein Urteil. Nur im Zustand des Seins, wenn Du voll Liebe und Mitgefühl bist, kannst Du frei von allen Urteilen sein.

Doch die Welt kann sich ohne Urteile nicht drehen. Bevor Du nicht irgendetwas als gut

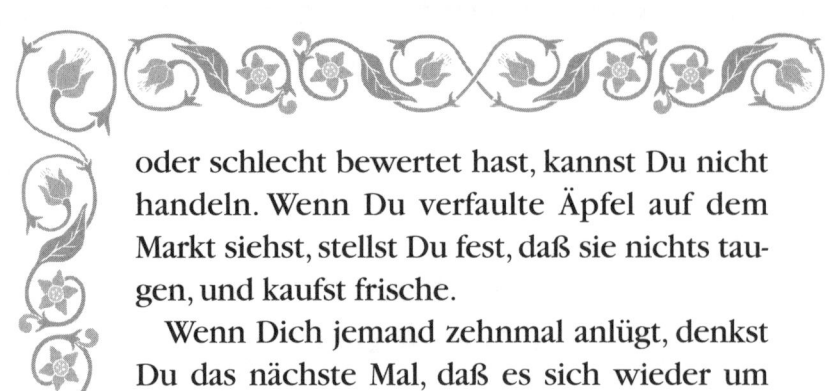

oder schlecht bewertet hast, kannst Du nicht handeln. Wenn Du verfaulte Äpfel auf dem Markt siehst, stellst Du fest, daß sie nichts taugen, und kaufst frische.

Wenn Dich jemand zehnmal anlügt, denkst Du das nächste Mal, daß es sich wieder um eine Lüge handeln könnte. Ein Urteil kommt ganz von allein. Doch ziehe die Möglichkeit in Betracht, daß sich Menschen und Dinge jederzeit ändern können, und halte nicht an alten Urteilen fest!

Du mußt Deine Gesellschaft beurteilen, weil Dich Deine Gesellschaft erheben oder herabziehen kann. Eine Gesellschaft, die Dir Zweifel, Niedergeschlagenheit, Tadel, Klagen, Zorn, Täuschung und Begierden bringt, ist schlecht für Dich. Eine Gesellschaft, die Dich zu Freude, Begeisterung, selbstlosem Handeln, Liebe, Vertrauen und Wissen erhebt, ist gut. Deine Gesellschaft kann Dir den Himmel zur Hölle machen oder in der Hölle den Himmel bereiten.

Teile Deine Probleme nur mit dem Göttlichen, nicht mit jedermann, das vergrößert sie nur. Mit jedermann teile Deine Freude.

Wo ist Gott?

Gott schwebt nicht irgendwo im Himmel. Er ist in Deinem Herzen. Er ist im Herzen eines jeden Wesens. Versteht ihr? Was ihr auch tut, was auch geschieht, es kann den zentralen Punkt eures Lebens nicht berühren. Der innerste Kern eures Lebens bleibt unberührt, jungfräulich. Jesus wird von einer Jungfrau geboren, das heißt, daß der Herr tief in Dir in diesem jungfräulichen Bereich geboren wird, der von äußeren Ereignissen im Leben unberührt bleibt.

Gib dem Göttlichen Vorrang

Welche Zeit gibst Du dem Göttlichen? Gewöhnlich gibst Du die Zeit, die übrig ist, wenn Du nichts anderes zu tun hast, wenn keine Gäste kommen, wenn es keine Partys zu besuchen gibt, keine netten Filme anzuschauen und keine Hochzeiten zu feiern gibt. Solche Zeit gibst Du. Das ist keine ›Vorzugszeit‹.

Gib dem Göttlichen Vorzugszeit. Das wird Dir gelohnt werden. Wenn Deine Gebete nicht erhört werden, liegt es daran, daß Du niemals Vorzugszeit gegeben hast. Gib dem *Satsang*[*] und der Meditation den Vorrang. Räume dem Göttlichen die beste Zeit ein.

Freude ist Liebe zu dem, was ist. Kummer ist Liebe zu dem, was nicht ist.

---

[*] Das Zusammensein mit dem Meister oder das Zusammensein seiner Schüler im Licht der Wahrheit.

Seelische Wunden

Es ist eine Illusion zu glauben, alle seelische Wunden aus Kindheitserfahrungen seien tief in Dir vorhanden. Wenn Du glaubst, daß Du eine Menge ›tiefer Wunden‹ und ›schlechter Kindheitserinnerungen‹ mit Dir herumträgst und diese heilen willst, dann versuchst Du etwas Unmögliches. Es ist, als ob Du eine Katze fangen willst, die gar nicht da ist.

Wenn Du Dich ständig erinnerst, daß Du etwas vergessen willst, was wird geschehen? Du sagst Dir: »Ich will das vergessen. Ich will das vergessen.« Wie kannst Du etwas vergessen, wenn Du Dich ständig daran erinnerst? Jedesmal wenn Du Dich daran erinnerst: »Oh, ich habe diese Wunden aus meiner Kindheit und ich möchte sie heilen«, dann verstärkst Du diese Erfahrungen.

Du kannst fünfzehn, zwanzig Jahre lang zur Beratung gehen, und Du wirst feststellen, daß Du nicht geheilt bist. Du fühlst eine kurzfristige Erleichterung, aber die gleichen seelischen Schmerzen kommen wieder. Das ist kein Weg, von negativen Gefühlen frei zu werden. Du mußt Dich um die Wurzel des Übels kümmern. Und was ist das?

Jedes Gefühl erzeugt eine Reaktion im Körper. Wenn Du diese Reaktion beobachtest und wenn Du den Atem beobachtest, kannst Du das Gefühl von dem Ereignis, das es ausgelöst hat, lösen. Durch den Atem kannst Du es überwinden, und die Heilung ist dann eine spontane, natürliche Sache.

Zuerst mußt Du wissen, daß Dich keines dieser Gefühle und Ereignisse tief innen berührt hat. Dein Sein, Deine Seele ist unsterblich, ist Licht. Kann Licht durch irgend etwas berührt werden? Kann Dunkelheit jemals das Licht berühren? Das ist noch nie geschehen und das wird auch nie geschehen. Welchem Eindruck Du auch ausgesetzt warst, er hat nur Deine Oberfläche berührt. Eindrücke schaffen keine bleibenden Tatsachen, haben keine Wirklichkeit. Es ist wunderbar, das zu verstehen.

Und dazu ist Meditation gut. Meditation bringt Dich direkt in Kontakt mit Dir selbst, wodurch Du herausfindest, daß Du unbesiegbar bist. Es gibt keinerlei Wunden in Dir. Wenn da überhaupt ein paar Narben erscheinen, dann sind sie nur an der Oberfläche. Und die Oberfläche heilt sich in dem Moment ganz von selbst, wo Du Dein Selbst als unberührt erkennst. Deshalb denk bitte nicht mehr: »So war meine Kindheit, und meine Mutter hat dies gesagt, und mein Vater hat das getan.« Verbinde Dich nicht immer weiter damit!

Mach statt dessen ein paar Übungen: Meditation, Pranayama, Sudarshan Kriya, und Du wirst erkennen, daß Du wunderbar bist – und sehr gesund.

Gewohnheiten und Gelübde

Wie kann man von *Vasanas* (Eindrücken) frei werden? – Das ist eine Frage für alle, die schlechte Gewohnheiten überwinden wollen. Du willst die Gewohnheiten loswerden, weil sie Schmerzen bewirken und Dich einengen. Es ist das Wesen von Vasanas, Dich zu ärgern, also zu binden. Das Wesen des Lebens dagegen ist Freiheit. Das Leben möchte frei sein, und wenn die Seele nicht weiß, wie sie frei sein kann, dann wandert sie eben mit dem Wunsch, frei zu werden, durch verschiedene Leben.

Der Weg, aus Gewohnheiten herauszukommen, sind Gelübde. Ein Gelübde sollte zeitlich begrenzt sein. Das wird Dich zu gutem Verhalten veranlassen und Dich davor schützen, eigenwillig zu sein. Beachte Zeit und Ort für

Gelübde, die Du ablegen willst. Als Beispiel laß uns annehmen, jemand ist Gewohnheitsraucher und sagt: »Ich werde das Rauchen aufgeben.« Er schafft es aber nicht. Dann kann er ein zeitlich begrenztes Gelübde ablegen, zum Beispiel für drei Monate. Oder wenn sich jemand daran gewöhnt hat zu fluchen oder andere zu verfluchen, dann kann er ein Gelübde ablegen, für – sagen wir einmal – zehn Tage keine bösen Wörter zu verwenden.

Lege ein Gelübde nicht auf Lebenszeit ab, sonst wirst Du es sofort brechen. Nimm Dir zunächst einen überschaubaren Zeitraum vor und vergrößere dann langsam die Dauer, bis das neue Verhalten zu Deinem Wesen wird. Und wenn Du ein begrenztes Gelübde einmal brichst, dann mach Dir keine Vorwürfe und fang einfach von neuem an.

Das heißt *Samyama* (Selbstbeherrschung). Jeder ist mit ein wenig Samyama ausgestattet. Wenn der Geist sich mit nutzlosen Gedanken befaßt, dann können zwei Dinge geschehen. Das eine ist, daß alle alten Verhaltensmuster hochkommen und Du Dich durch sie entmutigt fühlst. Du tadelst Dich selbst und fühlst, daß Du überhaupt keinen Fortschritt gemacht hast. Das zweite ist, daß Du sie als eine Gelegenheit für Samyama siehst und darüber glücklich bist. Ohne Samyama wird das Leben nicht glücklich und frei von Krankheiten verlaufen.

Du weißt zum Beispiel, daß Du nicht drei Portionen Eis essen solltest. Wenn Du es trotzdem tust, wirst Du krank.

Gewohnheiten blockieren Dich, wenn es keine Lebendigkeit, keinen Saft im Leben gibt. Wenn Du dagegen Deiner Lebenskraft eine Richtung gibst, kannst Du Dich durch Samyama darüber erheben. Binde alle Gewohnheiten, die Dich stören und Dir Schmerzen bereiten, in Samyama.

Liebe ist Deine wahre Natur

Angenommen, jemand bringt Dir sehr viel Liebe entgegen; was tust Du? Du weißt nicht, wie Du antworten sollst. Du fühlst Dich verpflichtet und gebunden. Du schreckst zurück oder scheust Dich. Du fühlst Dich töricht und betreten. Du versuchst, die Liebe zu erwidern, auch wenn es unecht ist. Du bezweifelst die ausgedrückte Liebe oder Deinen eigenen Wert. Du fürchtest, Achtung zu verlieren, denn Achtung hält einen Abstand aufrecht, und Liebe läßt keinen Abstand zu. Dein Ego verhärtet sich und erlaubt Dir nicht, die Liebe zu empfangen und zu erwidern.

Die Fähigkeit, Liebe zu empfangen, stellt sich mit der Fähigkeit ein, Liebe zu geben. Je mehr Du in Deiner Mitte ruhst und aus Erfahrung weißt, daß Du Liebe bist, desto wohler wirst Du Dich bei Liebesbezeugungen fühlen, gleich wie stark und auf welche Art sie ausgedrückt werden. Tief innen wirst Du wissen: Liebe ist kein Gefühl. Liebe ist meine wahre Natur.

Warum braucht man einen Meister?

Stell Dir vor, Du willst lernen, Gitarre zu spielen. Du hast die Saiten und Du hast Deine Finger, aber wenn Dir keiner zeigt, wie man spielt, dann wirst Du nur herumklimpern und probieren. Es mag ein Jahr dauern, bevor Du eine Melodie hinbekommst. Wenn Du aber einen Musiklehrer hast, der Dich anleitet, kannst Du in kurzer Zeit harmonisch spielen.

Auf die gleiche Weise erspart es Dir Zeit und Selbstexperimente, wenn Du einen Lehrer oder Meister auf dem spirituellen Pfad hast.

Es gibt Dir Mut und Vertrauen und einen großen Schub vorwärts.

Du nähst ja auch Deine Kleidung nicht selbst. Jemand anderes macht die Kleider und Du trägst sie. Thomas Edison erfand die Glühbirne und Du hast den Nutzen davon, ohne selbst all die Experimente zu machen. Irgendein Mediziner entwickelt einen Impfstoff und die ganze Welt nutzt ihn.

Mit spirituellem Wissen ist es ganz genau so. Viele Menschen haben in der Vergangenheit wertvolles Wissen über *Pranayama* (Atemtechnik) und *Yoga-Asanas* (Körperstellungen) gesammelt. Jene, die sich viele, viele Jahre lang tiefgehend damit beschäftigt haben, sind mit Methoden herausgekommen, die nun von jedem einfach genutzt werden können. Es ist vernünftig, die Techniken zu verwenden, die sich bewährt haben.

Einige dieser Techniken, die über die Jahrtausende herausgefunden wurden, sind so wohltuend, daß sie den Fortschritt auf dem spirituellen Pfad beschleunigen. Deshalb ist es weise, sie zu nutzen. Und es ist für Deinen Fortschritt auf der spirituellen Reise besser, einen persönlichen Lehrer zu haben. Es gibt keinen Zweifel, daß Du auch ohne Lehrer vorankommst, aber mit einem Lehrer ist es am einfachsten und sichersten.

Spiritualität ist kein Ritual oder irgendeine Handlung. Spiritualität ist ein sehr angenehmer Seinszustand, in dem man sieht, daß die ganze Welt Geist ist, daß alles Sein ist, daß alles Bewußtsein ist. Alles in der Welt ist Bewußtsein. Blumen sind Bewußtsein. Bäume sind Bewußtsein. Menschen sind Bewußtsein. Zu sehen, daß da ein Geist, ein großer Geist ist, ist Bewußtsein.

Der Meister
ist ein Torduchgang

Der Meister ist ein Torduchgang. Und der Torduchgang muß anziehender als die Welt sein, so daß Du zum Torduchgang hingezogen wirst. Man läuft durch die Straßen, es regnet und donnert oder die Sonne scheint so heiß. Man braucht ein Obdach, also schaut man herum und findet den Torduchgang. Man kommt zu dem Tor, und es ist viel einladender, entzückender und festlicher als alles andere in der Welt. Du trittst durch das Tor ein und siehst die Welt von dort aus. Das ist ein Zeichen dafür, daß Du zum Meister gelangt bist. Sonst stehst Du vielleicht noch immer auf der Straße und schaust zu dem Tor hin.

Wenn Du einmal durch das Tor eingetreten bist, dann wirst Du die ganze Welt mit den Augen des Meisters sehen. Was heißt das? Unter allen Umständen, in die Du gerätst, wirst Du denken: »Wenn der Meister in diese Lage geriete, wie würde er damit umgehen? Wenn diese Verwicklung vor den Meister käme, wie würde er sie anpacken?«

Dann sieht die Welt viel schöner aus. Sie ist kein scheußlicher Ort mehr, sondern ein Ort, der von Liebe, von Freude, Zusammenarbeit, Mitgefühl und allen Tugenden erfüllt ist. Du wirst mit anderen ohne jede Angst in Beziehung treten. Vom Inneren Deines Heims aus wirst Du den Donner betrachten, wirst Du den Sturm anschauen, dem Regen zusehen, die leuchtende Sonne ansehen. Drinnen aber hast Du eine Klimaanlage. Es gibt nichts, was Dich wirklich ablenken, stören oder Dich Deiner Fülle berauben könnte. Ein tiefes Gefühl von Sicherheit, von Fülle und Freude steigt auf. Darum ist es gut, einen Meister zu haben.

Alle Beziehungen in der Welt gehen einmal drunter und drüber. Sie können brechen oder neu geknüpft und erneut gebrochen werden. Und es gibt Verlangen und Abneigung. Das ist die Welt. Das ist *Samsara*. Aber zum Meister besteht keine solche Beziehung. Der Meister ist die göttliche Gegenwart. Es ist notwendig, diese Gegenwart des Meisters zu fühlen.

Mach den Meister nicht zu einem Teil Deiner Welt: »Er hat mich angeschaut!« – »Er hat mich nicht angeschaut.« – »Er hat dies gesagt.« – »Er hat das nicht gesagt.« – »Soundso steht ihm nahe, doch ich stehe ihm nicht nahe.« All dieser Unsinn kommt dann auf.

Der Meister ist die göttliche Gegenwart, die Welt ist Relativität und hat Begrenzungen. Die

Gegenwart ist unbegrenzt. Die Gegenwart ist unermeßlich, unendlich und allumfassend. Sie schließt alles ein. Jede Beziehung in Deinem Leben wird durch die Gegenwart des Meisters vollkommen.

Selbstloses Handeln

Vom individuellen zum universellen Bewußtsein erweitert man sich, indem man das Leid und die Freude anderer teilt. Wenn Du im Laufe der Zeit wächst, sollte auch Dein Bewußtsein wachsen. Wenn Dein Wissen wächst, löst sich das Gefühl der Bedrückung auf, denn Deine innerste Quelle ist Freude.

Der Weg, persönliches Elend zu überwinden, besteht darin, universelles Elend zu teilen. Der Weg, persönliche Freude zu vergrößern, besteht darin, universelle Freude zu teilen. Anstatt zu denken: »Was wird für mich getan? Welchen Nutzen kann ich aus der Welt ziehen?« denke: »Was kann ich für die Welt tun?« Wenn jeder im Blick hat, einen Beitrag für die Gesellschaft zu leisten, entsteht eine göttliche Gesellschaft. Wir müssen unser individuelles

Bewußtsein erziehen und bilden, um mit der Zeit im Wissen zu wachsen und vom »Was habe ich davon?« zum »Was kann ich beitragen?« zu kommen.

Wenn Du in der Meditation keine guten Erfahrungen hast, dann mache mehr *Seva* (selbstloses Dienen). Du schaffst Dir damit Verdienste und Deine Meditation wird tiefer. Wenn Du jemandem durch Seva etwas Erleichterung und Freiheit bringst, kommen gute Schwingungen und Segnungen zu Dir.

Wenn Du Seva machst, denk nicht, daß Du irgend jemandem einen Gefallen tust. Dein Seva hat Dich unmittelbar belohnt. Deine Belohnung ist Dir gewiß, und sie ist immer größer als Dein Tun.

Wenn Du für Dein Seva eine Belohnung erwartest, verwandelt es sich in Anstrengung. Wenn Du denkst, daß Du eine Menge getan hast, wirst Du weniger tun; wenn Du siehst, daß Du wenig getan hast, dann wirst Du mehr tun.

Seva bedeutet, daß es kein Klagen gibt, auch wenn Du keine unmittelbare Belohnung erkennen kannst. Anstrengung bedeutet, daß es selbst nach einer unmittelbaren Belohnung Klagen geben wird. Sei dankbar für jede Gelegenheit, Seva zu verrichten.

Seva bringt Verdienst mit sich. Das Verdienst erlaubt Dir, tief in die Meditation zu gehen. Und die Meditation bringt Dir Dein Lächeln zurück.

Glück
in schlechten Zeiten

Menschen, die dienen, werden selbst in schlechten Zeiten gute Zeiten haben. Wenn es eine Hungersnot oder Krieg gibt, wird es Menschen beim Roten Kreuz gut gehen, weil sie dienen. Je mehr Erleichterung sie anderen verschaffen, desto glücklicher fühlen sie sich. Auf der anderen Seite werden sich selbstsüchtige Menschen, die nur für sich alleine genießen wollen, sogar in guten Zeiten elend fühlen.

In guten Zeiten verlieren Menschen oft wegen Kleinigkeiten ihre Freude. Gastgeber genießen häufig ihr eigenes Fest nicht, weil irgendeine Kleinigkeit fehlt oder weil sie vergessen haben, jemanden einzuladen, weil jemand nicht gekommen ist oder weil irgendeine kleine Sache schiefgegangen ist.

Ein weiser Mensch ist selbst in schlechten Zeiten glücklich. Ein dummer Mensch ist selbst in guten Zeiten unglücklich. Du machst die Zeit gut oder schlecht.

Die Menschen geben gewöhnlich der schlechten Zeit die Schuld und warten dann

auf die gute Zeit. Aber selbst wenn ein Astrologe sagt, daß Du eine schlechte Zeit durchläufst, kannst Du sie zu einer guten Zeit machen.

Wie das Wetter hat auch die Zeit ihre eigene Wirkung auf Dich. Erkenne, daß Du mehr bist als Zeit und daß Du Dich durch die Zeit bewegen kannst, während Du zeitlos mit dem Göttlichen verbunden bist.

Was ist Liebe? Liebe ist nicht nur ein Gefühl. »Oh, ich liebe dich so.« Das ist keine Liebe. In Liebe sehen wir, daß es keinen Unterschied, keine Trennung gibt. Du bist ich, ich bin Du. Du bist Teil von mir, ich bin Teil von Dir. Diese Einheit zu fühlen, ist Liebe.

Ergebung

Ergebung heißt, die Suche nach der Wahrheit aufzugeben. Du hast es immer anders herum gehört: »Suche die Wahrheit!« Aber ich sage Dir, hör auf zu suchen! Du mußt in der Wüste nach Wasser suchen, aber wenn Du im Wasser stehst, an der Quelle, und Du dann immer noch weiter suchst, wirst Du Dich nur von der Quelle fortbewegen. Das Wasser sprenkelt Dir in den Mund, aber Du schaust Dich weiter nach Wasser um. Du bist naß, Deine Kleider sind naß, Dein Kopf ist naß, aber Deine Kehle ist durstig. Und sie wird durstig bleiben, solange Dein Mund sich woanders öffnet, Deine Augen auf etwas anderes gerichtet sind, solange Du suchst. Wo Du auch stehst, genau jetzt, genau dort, höre auf zu suchen. Entspanne Dich und öffne Dich der Fülle, die Deine wahre Natur ist.

Es gibt zwei verschiedene Stufen, die eine ist Suche, die andere ist Hingabe. Die Suche sollte Dich schließlich in einen Zustand der Hilflosigkeit versetzen. Und wenn Du hilflos bist, gibst Du auf. Dann beginnt Hingabe. Und wenn Hingabe beginnt, wenn Du Dich ergibst, dann hast Du es erreicht.

Die Leute denken, es sei ein großes Kompliment, jemanden einen Wahrheitssucher zu nennen. Ja, für manche mag es ein Kompliment sein, aber für andere ist es ein bemitleidenswerter Zustand.

Ein Same hat eine Hülle um sich herum. Wenn man ihn in Wasser legt, saugt er sich voll und ein Keim sprießt heraus. Die Hülle fällt dann ab. Auf gleiche Weise ist die Suche notwendig, um mit dem Pfad zu beginnen, aber wenn Du auf dem Pfad bist und die Hülle dann nicht abfällt, kann der Keim nicht sprießen.

Aus völliger Dumpfheit hilft Dir die Suche nach dem Pfad. Aber wenn Du auf dem Pfad bist, läßt Du die Suche fallen und läßt los, gibst Dich hin und öffnest Dich der ewigen Liebe, die Du bist. Die göttliche Liebe ist ewig und hat so große Geduld, daß sie Jahrhunderte darauf wartet, daß Du zurückkommst.

Gott liebt Schönheit, denn Gott ist Schönheit. Und die ganze Welt ist der Körper Gottes. Ich bin der Körper Gottes. Ihr alle seid der Körper Gottes.

Erleuchtung

Aus der Tiefe des Lebens heraus zu leben, durch keine Situation und keine Umstände gestreßt zu werden, fähig zu sein, die Umstände und Situationen zu beeinflussen und nicht durch sie beeinflußt zu werden, das ist Erleuchtung.

Wenn Du aus der Tiefe Deines Herzens lächeln kannst, dort, irgendwo tief in Deinem Innersten, ist das Erleuchtung. Wir lächeln, aber tief in uns drinnen sind wir nicht in Verbindung mit dem Lächeln. Sich mit diesem Lächeln zu verbinden, natürlich zu sein, einfach und unschuldig, das ist Erleuchtung.

Erleuchtung ist keine Errungenschaft. Es ist vielmehr eine Errungenschaft, sich von Unwissenheit zu befreien, denn Erleuchtung ist unsere eigentliche Natur.

Die Suche nach Erleuchtung ist ein Witz. Es ist, als ob ein Fisch den Ozean suche. Es war einmal vor langer Zeit, daß sich die Fische versammelten, um zu erörtern, wer den Ozean gesehen habe. Doch keiner von ihnen konnte mit Bestimmtheit sagen, daß er den Ozean gesehen hätte. Schließlich sagte ein Fisch: »Ich glaube, mein Urgroßvater hat den Ozean gesehen.« Also bauten die Fische einen riesigen Tempel, stellten eine Statue des Urgroßvaters hinein und sagten: »Er hat den Ozean gesehen. Er war mit dem Ozean verbunden.«

Erleuchtung ist der eigentliche Kern Deines Seins. Wenn wir in das Zentrum unseres Selbst eintauchen und unser Leben von dort aus leben, ist das Erleuchtung.

Wir kommen alle mit Unschuld begnadet auf diese Welt, aber wenn sich nach und nach die Intelligenz entwickelt, verlieren wir unsere Unbefangenheit. Wir werden voller Stille geboren, aber wenn wir heranwachsen, verlieren wir die Stille und werden mit Wörtern angefüllt. Als Kinder haben wir in unseren Herzen gelebt, doch mit der Zeit ziehen wir in unsere Köpfe um.

Nun, die Umkehr dieser Reise ist Erleuchtung. Es ist die Reise vom Kopf zurück ins Herz, von Wörtern zurück zur Stille, von der Intelligenz zurück zur Unschuld. Obwohl es sehr einfach ist, ist es eine große Errungenschaft.

Wissen sollte Dich an den wunderbaren Punkt des »ich weiß nicht« führen. Der Sinn des Wissens ist Unwissenheit. Das Ende des Wissens wird Dich zu Staunen und Wundern führen. Es macht Dir dieses Dasein bewußt. Geheimnisse sind dazu da, gelebt zu werden, nicht, um sie zu verstehen. Man kann das Leben völlig in seiner Ganzheit und Gesamtheit leben.

Erleuchtung ist ein Zustand solcher Reife, daß man durch keine Umstände erschüttert wird. Komme was wolle, nichts kann das Lächeln aus Deinem Herzen stehlen. Sich nicht mit Begrenzungen zu identifizieren, sondern zu fühlen, daß einem alles gehört, was in diesem Universum existiert, das ist Erleuchtung.

›Un-Erleuchtung‹ kann leicht definiert werden. Es bedeutet, daß man sagt: »Ich gehöre an diesen bestimmten Ort. Ich stamme aus dieser Kultur.« Es ist das gleiche, wenn Kinder sagen: »Mein Vater ist besser als deiner«, oder: »Mein Spielzeug ist schöner als deines.«

Ich glaube, die meisten Menschen auf der ganzen Welt sind in diesem mentalen Zustand steckengeblieben. Nur die Spielzeuge haben sich verändert. Erwachsene sagen: »Mein Land ist besser als dein Land.« Ein Christ sagt, die Bibel sei die Wahrheit, ein Hindu sagt, die Veden seien die Wahrheit, und ein Moslem sagt, der Koran sei die Wahrheit. Wir rühmen eine Sache, nur weil sie aus unserer Kultur stammt und nicht um der Sache willen.

Das Göttliche drückt das Wissen abhängig von Zeit und Raum immer wieder anders und neu aus. Wenn man Kenner des ganzen Universums wird und erkennt, daß all die verschiedenen wunderschönen Blumen aus dem eigenen Garten kommen, ist das Erleuchtung.

Erleuchtung ist die seltene Kombination von Unschuld und Intelligenz, die Fähigkeit, sich in Worten ausdrücken zu können und gleichzeitig sehr still zu sein. In dem Zustand ist der Geist vollkommen in der Gegenwart. Was immer notwendig ist, wird Dir auf ganz natürliche und spontane Weise gezeigt. Du sitzt nur da und das Lied fließt durch Dich hindurch.

Engel

Engel sind ein Teil des Großen Selbst. Die Unendlichkeit hat vielfältige Eigenschaften, und spezielle Eigenschaften nehmen Namen an. Sie werden Engel genannt. Engel sind einfach Strahlen Deines Großen Selbst. Sie sind da, um Dir zu dienen, wenn Du in Deiner Mitte bist. Wie Wurzeln und Stämme und Blätter aus einem gekeimten Samen hervorwachsen, so zeigen sich all die Engel in Deinem Leben, wenn Du in Deiner Mitte bist. Engel erfreuen sich Deiner Gesellschaft, aber Du kannst nichts von ihnen erwarten. Sie kommen nur zu den Menschen, die nichts von ihnen erwarten.

Engel sind wie Deine verlängerten Arme. Wie alle Farben im weißen Sonnenlicht enthalten sind, so sind all die Engel in Deinem höheren Selbst gegenwärtig. Glückseligkeit ist ihr Atem, Leidenschaftslosigkeit ihre Wohnstätte.

Jemand, Niemand, Jeder

Erleuchtung oder Entwicklung kommt in zwei Schritten. Der erste Schritt besteht darin, jemand zu sein und niemand zu werden.

»Ich möchte jemand sein«, bedeutet, wichtig sein zu wollen. Viele Menschen bleiben darin stecken, sogar sogenannte Lehrer. Wenn man ihnen keinen angemessenen Sitzplatz anbietet, dann war's das: Es drückt ihren Knopf. Gleich, ob sie alles überwunden haben, sie haften immer noch am Sitzplatz, an ihrer Position. Das bedeutet, daran zu hängen, jemand zu sein. Welchen Unterschied macht es schon, ob ich oben auf dem Sofa sitze oder unten auf dem Teppich? Es macht nicht den geringsten Unterschied. Ich bleibe, was ich bin. Richtig?

Jemand fragte mich: »Warum sind so viele Blumen um dich herum?« Ich antwortete: »Die sind für dich zum Anschauen, damit du dich nicht langweilst, wenn du die ganze Zeit nur mich anschauen mußt.« Wenn der Blumenschmuck für mich wäre, dann müßte er *mir* gegenüber sein, damit *ich* ihn sehen kann. Ich sehe die ganze Dekoration hier gar nicht. Ich sehe nur all eure Gesichter.

Wenn man darin verhaftet ist, ›jemand‹ zu sein, dann sieht man sich entweder als etwas ganz Besonderes oder als hoffnungslosen Fall: »Ich bin ekelhaft. Ich bin unnütz. Ich bin nicht gut.« Auch das bedeutet, jemand zu sein. Der erste Schritt ist also aufzuhören, jemand zu sein, und anzufangen, niemand zu sein. Und im zweiten Schritt hört man auf, niemand zu sein, und fängt an, jeder zu sein, ein Teil von jedem. Das ist Liebe.

Meditation führt vom Jemand-Sein zum Niemand-Sein. Vom Jemand zum Niemand voranzuschreiten, bedeutet die Erlösung des Egos. Vom Niemand zum Jeder ist der zweite Schritt. Dann liebt man wirklich jeden. Und diese Liebe ist keine Handlung, denn man *ist* tatsächlich jeder. »Sie sind ein Teil von mir. Sie sind ein Teil von mir. Sie sind ein Teil von mir.« Du siehst irgendwen an, blickst in irgendein Augenpaar, und Du empfindest keine Trennung. Alle sind ein Teil von Dir, wie Deine eigenen Glieder.

Das ist der Grund, warum Jesus gesagt hat: »Niemand kommt zum Vater denn durch mich.« Und das ist genau das, was alle Lehrer rund um den Erdball gesagt haben, Buddha, Jesus, Krishna u.a.

Die ganze Welt, das Universum ist *ein* Organismus, *ein* lebendes Wesen. Und jeder Geist ist ein Teil davon. Das ist das höchste Wissen, und jedes Wissen muß zu diesem Wissen hinführen, zur universellen Wahrheit. Seht ihr das? Also, wo seid ihr? Überall. Genau wie der Raum, seid ihr hier und dort. Du bist jeder.

Erst dann beginnt wirkliches Dienen. Versteht ihr? Du siehst jemanden leiden und Du empfindest, daß auch Du dort leidest. Vielleicht habt ihr das schon einmal erlebt? Ihr seht, wie sich jemand verletzt und im selben Augenblick fühlt auch ihr den Schmerz. Du siehst einen Unfall, Du siehst, wie sich jemand ein Bein bricht oder wie Blut aus seinem Knie fließt und Du fühlst den gleichen Schmerz. Habt ihr das schon erlebt?

Die Welt ist so voller Leiden. Deshalb müssen wir uns zusammentun und ein solides Werk verrichten, dienen. Das ist ganz wesentlich. Wenn wir alle nur herumsitzen und denken: »Was ist mit mir, was ist mit mir?« dann ist das die Hölle. Das ist die beste Methode, um depressiv zu werden. Wenn Du fröhlich bist und lieber Depressionen hättest, mußt Du Dich nur hinsetzen und darüber nachdenken: »Was ist mit mir?« Ich garantiere Dir, innerhalb einer Stunde wirst Du niedergeschlagen sein.

Lebendigkeit zeigt sich durch Begeisterung. Erfolg zeigt sich durch Lächeln. Indem wir älter werden, scheinen wir das Leben zu verlieren. Wir sterben einen langsamen Tod. Dann bleibt überhaupt keine Begeisterung mehr, wir sind lustlos, tot. Und je intellektueller ein Mensch wird, desto trockener, desto kopflastiger wird er, desto weniger fühlt er. Das Fühlen ist fast abgestorben. Informationen können auch Computer geben. Es ist das Fühlen, das einen Menschen menschlich macht, nicht wahr?

Liebe ist ein Zustand

Liebe ist keine Handlung, Liebe ist das, woraus wir alle gemacht sind. Sie ist ein Seinszustand und keine Handlung. Wenn wir im gegenwärtigen Augenblick leben, ist der Geist klar. Er ist nicht ärgerlich, und er ist nicht ängstlich. Er ist voller Liebe.

Meist schweift der Geist entweder in die Vergangenheit oder in die Zukunft. Aller Ärger bezieht sich auf etwas, das bereits geschehen ist. Hat das irgendeinen Nutzen? Wenn eine Glasschale herunterfällt und in tausend Stücke zerbricht, kannst Du Dich erst darüber ärgern, nachdem es geschehen ist. »Oh, das hätte nicht passieren sollen! Das hätte nicht passieren sollen!« Es ist aber geschehen. Es ist vorbei. Ärger ist deshalb bedeutungslos, weil er sich immer auf etwas bezieht, was bereits geschehen ist.

Und Angst bezieht sich immer auf etwas, das irgendwo in der Zukunft liegt. »Was wird morgen geschehen?« Du hast die gleiche Frage letztes Jahr und das Jahr davor und vor zehn Jahren gestellt. Du warst ängstlich. Du hattest vor diesem und jenem Angst. »Was wird gesche-

hen?« Doch sieh, das Leben ist weitergegangen. Du blickst zurück und erkennst, daß alle Ängstlichkeit ohne jede Bedeutung war.

Deshalb füllt sich der Geist mit Freude und mit Liebe, wenn Ärger und Angst von uns abfallen. Das ist ein Zustand, den Du Liebe nennen kannst. Und er ist ganz einfach. Sieh Dir Kinder an, kleine Kinder. Sieh in ihre Gesichter. Es spiegelt sich so viel Liebe darin, wie sie Dich ansehen. Warum sind Kinder voller Freude und Anteilnahme? Weil sie im Zustand der Liebe sind. Sie erlauben der Liebe auszustrahlen, ohne diese hemmenden Spannungen, ohne Streß und Druck. Deshalb hat Jesus gesagt: »Wenn ihr nicht werdet wie die Kinder, so werdet ihr nicht ins Himmelreich kommen.« Wie ein Kind werden, heißt, im gegenwärtigen Augenblick zu leben.

Nähe zum Meister

Wenn Du Dich dem Meister nicht nahe fühlst, so liegt das an Dir. Dein Verstand, Dein Geist und Deine Ego-Denkmuster stehen dazwischen. Teile mit dem Meister, was Dir be-

sonders wichtig und was ganz persönlich ist. Empfinde keine falsche Scham.

Wenn Du dem Meister gegenüber nicht das zum Ausdruck bringst, was sehr persönlich und für Dich wichtig ist, und auf einer förmlichen Ebene bleibst, läßt Dich das keine Nähe spüren. »Wie geht's? Wohin fährst Du? Wie ist es Dir ergangen?«

Höre auf mit den förmlichen und oberflächlichen Gesprächen und sprich aus dem Herzen heraus das aus, was sehr wichtig und persönlich ist, was für Dein Leben wirklich tiefe Bedeutung hat! Wenn Du Dich dem Meister nicht nahe fühlst, hat es keinen Zweck, überhaupt einen Meister zu haben. Er ist nur eine weitere Bürde für Dich, und Du hast davon schon genug.

Du bist mit dem Meister zusammen, um die Freude des Meisters zu teilen, um das Bewußtsein des Meisters zu teilen. Dafür mußt Du Deinen Becher von allem leeren, was darin ist. Teile mit dem Meister, was immer Du hast. Urteile nicht: »Ach, das ist doch nur Müll.« Der Meister ist bereit, jeden Müll in jeder Menge anzunehmen. Wie Du auch bist, er wird Dich umarmen. Er ist bereit zu teilen, nur mußt Du auch von Deiner Seite teilen.

Sechs Anzeichen eines Suchers

❶ Anerkennen, daß man sehr wenig weiß. Viele Menschen meinen zu wissen, ohne zu wissen. Sie bleiben in ihrem begrenzten Wissen stecken. So lernen sie nie dazu. Das erste, was ein Sucher erfährt, ist, daß er sehr wenig weiß.

❷ Die Bereitschaft zu lernen. Viele Menschen geben zu, daß sie nicht viel wissen, aber sie sind nicht bereit zu lernen.

❸ Nichturteilend und geistig aufgeschlossen sein. Manche Menschen würden gerne lernen, aber ihre urteilende Haltung und geistige Enge erlauben es ihnen nicht.

❹ Vollkommene, zielgerichtete Verpflichtung bezüglich des Weges. Manche Menschen sind geistig aufgeschlossen, aber ihnen fehlt es an innerer Verpflichtung und Zielgerichtetheit. Sie bedienen sich hier und dort, aber schreiten niemals auf einem bestimmten Weg voran.

❺ Immer Wahrheit und Dienen vor Genuß stellen. Manchmal kommen selbst innerlich verpflichtete und zielgerichtete Menschen durch das Streben nach vorübergehenden Genüssen vom Weg ab.

❻ Geduld und Ausdauer. Manche Menschen sind innerlich verpflichtet, zielgerichtet und werden nicht von Genüssen beeinflußt, aber wenn es ihnen an Geduld und Ausdauer mangelt, werden sie ruhelos und niedergeschlagen.

Drei Arten des Dienens

Dienen heißt, zur Verfügung zu stehen, wenn es nötig ist. Dienen ist nicht an feste Zeiten gebunden. Man kann nicht sagen: »Okay, ich diene von 8 bis 10 Uhr.« So geht das nicht. Es ist unsere eigentliche Natur zu dienen. Dienen ist ein Ausdruck von Liebe, ist aktive, handelnde Liebe.

Es gibt drei Arten des Dienens. Eine geschieht mit der Haltung, daß alle leiden und man ihnen helfen will. In diesem Fall fördert man das Leiden auf eine sehr subtile Weise, denn wenn niemand da ist, der leidet, dann ist man selbst schlecht dran.

Eine andere Art des Dienens besteht darin, in allen das Göttliche zu sehen. »Sie sind gött-

lich und geben mir die Gelegenheit zu dienen.« Wer mit dieser Haltung dient, sieht, daß alle Teil von ihm selbst sind. Doch wenn ich etwas für mich selbst tue, nenne ich das dienen? Andere nicht als von sich selbst getrennt zu sehen, ist die zweite Art des Dienens.

Die dritte Art ist, daß Du es einfach nicht lassen kannst, weil es Deine Natur ist. Man merkt nicht einmal, daß man dient. Man ist einfach, was man ist, und man tut, was getan werden muß. So wie man trinkt, wenn man durstig ist, oder schläft, wenn man müde ist. Auf die gleiche Weise wird Dienen ein unwillkürliches Bedürfnis. Das ist die dritte, die höchste Form des Dienens.

Viele denken, die einfachen, alltäglichen Dinge hätten nichts mit Dienen zu tun. Ich sage euch, das ist nicht so. Die Kraft des Wissens, die Kraft der Selbsterziehung durchdringt alle Handlungen. Tatsächlich bereichert sie alle eure Handlungen. Du schaust vielleicht dem Sonnenuntergang zu, fährst ein Auto, wechselst den Reifen oder schreibst einen Brief. All dies kannst Du auf zwei Arten tun. Entweder tust Du es frustriert und fühlst es als drückende Last, den Brief schreiben oder den Reifen wechseln zu müssen. Du tust alles mit einem Gefühl der Schwere oder der Verpflichtung und es bedrückt Dich. Oder Du tust es voller Liebe und mit hundertprozentiger Hingabe.

Das ist die andere Art, es zu tun. Du erledigst die Arbeit, ohne dabei die Freude zu verlieren. An allem, was Du zu tun hast, Freude zu empfinden, bedeutet zu leben.

Erziehung

Wir müssen die Lebensqualität der Menschen verbessern. Seht euch nur die Kinder an! Wenn sie im Kindergarten sind, sind sie so fröhlich, so glücklich. Ihr Leben ist ein Fest. Doch seht, wie sie sich verändern, wenn sie älter werden und zur Schule gehen. Wachsen sie in Freude, in Glückseligkeit, in Herrlichkeit auf oder entwickeln sie sich in Richtung Gewalt, Enttäuschung, Dumpfheit? Wie? Was machen wir mit unseren Kindern!

Kinder sind mit den besten Eigenschaften ausgestattet. Sie kommen voller Unschuld und Freundlichkeit auf die Welt. Sie lächeln und sind voll reiner Liebe. Doch wir geben ihnen Spannungen, Gewalt, Haß, Ablehnung, Streß und Aufruhr. Und so sind sie dann auch, wenn sie mit der Schule fertig sind. Seht euch die Gesichter der jungen Menschen an. Man fin-

det kein Tröpfchen Freude darin, nur Schmerz und Leid. Wir geben Tausende aus, um dieses Leiden unseren Kindern und damit uns selbst aufzuladen. Das nennt sich Erziehung? Alle menschlichen Werte zu verlieren, wird Erziehung genannt? Das ist doch lächerlich, oder nicht? Was sagt ihr dazu?

Seht ihr nicht die Gesichter der Jugendlichen? Seht ihr nicht ihr Benehmen? Als kleine Kinder haben sie ihre Eltern respektiert, aber wenn sie die Schule verlassen, respektieren sie ihre Eltern kaum noch. Sie haben vor niemandem mehr Respekt. Ist es nicht so?

Und das ist nicht nur hier und da so, es ist weit verbreitet über den ganzen Erdball. Überall ist es das gleiche; nicht ganz so sehr in den Entwicklungsländern, aber um so mehr in den Industrienationen und besonders in den Großstädten. Dort kommen absolut keine menschlichen Werte mehr zum Ausdruck. Sie sind noch da, aber sie werden nicht gelebt. Deshalb herrschen dort überall Enttäuschung, Schmerz und Leid. Wir müssen etwas dagegen tun, oder?

Die Kunst des Lebens

Ein von Sri Sri Ravi Shankar gelehrter Kurs

Worum geht es im diesem Kurs? Es geht um die Erfahrung des tiefsten Selbst, der eigenen Mitte. Man lernt leichte, einfache Übungen, die man täglich machen kann, um sich mit der Quelle der Stille in sich zu verbinden. Diese Quelle ist im Laufe des Lebens durch eine Menge Schutt und Müll verstopft worden, Abfall, der ermüdet, weil man ihn mit sich herumschleppt. Er versperrt den Zugang zu unserem Innersten und hindert uns daran, das Leben in seiner ganzen Fülle zu leben und so fröhlich und liebenswert zu sein, wie wir es im Innersten sind.

Während des Kurses lernt man Techniken auf der Ebene des Körpers und des Atems. Das im Kurs vermittelte *Sudarshan Kriya,* eine spezielle Atemübung, führt zur direkten Erfahrung unserer Mitte und bewirkt eine tiefgreifende Reinigung, die auf der Ebene der Zellen und der Ebene des Geistes gleichzeitig erfolgt.

Was habe ich von diesem Kurs? Das hängt ganz von einem selbst ab. Prinzipiell kann man bekommen, was immer man

braucht und wünscht. Wer vollkommen mit der Quelle in sich verbunden ist, ist mit einem unbegrenzten Kraftreservoir verbunden. Alles ist möglich, wenn man mit der Quelle in seinem Innersten fest und klar verbunden bist.

Ganz gewiß wird sich eine Verringerung von Streß und Spannungen einstellen. Einige Menschen berichten von erstaunlichen Verbesserungen ihrer Gesundheit; andere berichten von Verbesserungen in ihren Beziehungen und ihrem Beruf, größerer Kreativität, geistiger Klarheit und seelischem Wohlbefinden. Alle erfahren ein allgemein besseres Wohlbefinden.

Was wird gelehrt? Es ist kein Unterricht, der sich an den Intellekt, die Oberfläche des Geistes, richtet. Die Erfahrung dieses Kurses bewegt sich auf der Ebene des Bewußtseins.

Besonders viel wird mit dem Atem getan. Körper, Atem und Geist sind unauflöslich miteinander verbunden, und was auf einer dieser Ebenen geschieht, wird unvermeidlich die anderen beeinflussen. Wir können unsere Gedanken und Gefühle nicht bewußt beeinflussen, aber indem wir auf der Ebene des Körpers und des Atems arbeiten, nähern wir uns dem Geist indirekt. Deshalb lernt man auch ein paar Yoga-Stellungen (Asanas) und Atemübungen (Pranayamas), um durch bewußte Verwendung des Atems Einfluß auf den Geist zu nehmen.

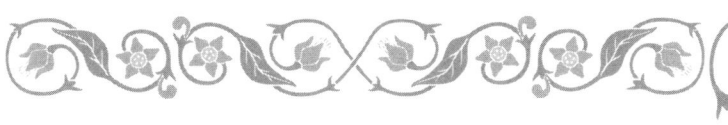

Unsere Gedanken schwingen gewöhnlich hin und her. Selten, wenn überhaupt, ist unser Geist im gegenwärtigen Augenblick. Durch Pranayamas und Sudarshan Kriya kommt der Geist in der Gegenwart zur Ruhe. Dann steigt großer Friede in uns auf.

Die Bedeutung des Atems

Was ist die erste Handlung im Leben? Wir atmen ein. Und die letzte Handlung? Wir atmen aus, und das war's. Wir atmen ein und fangen an zu weinen, und wenn wir zum letzten Mal ausatmen, weinen andere. Dazwischen spielt sich unser ganzes Leben ab.

Wir müssen uns unser eigenes Leben genauer anschauen. Bislang haben wir unserem Atem keine Beachtung geschenkt. Wir sind ganz mit unseren Gefühlen beschäftigt. »Ich fühle mich so und so.« Oder wir sind mit unseren Gedanken, unseren Konzepten beschäftigt. Ist es nicht so? Wir sind mit unserer Erinnerung beschäftigt. Wir sind mit unserem Körper beschäftigt, und wir sind mit unserem Geist beschäftigt, aber etwas, das diese beiden

verbindet, haben wir völlig aus den Augen verloren. Das ist unser Atem.

Die Atmung spielt für die Steuerung des Geistes und auch des Körpers eine entscheidende Rolle. Die Atmung hat einen bestimmten Rhythmus, und dieser Rhythmus ist mit dem Rhythmus der Welt, mit dem Rhythmus in der Natur, mit dem Rhythmus im Körper, mit dem Rhythmus der Gedanken, mit dem Rhythmus der Gefühle verbunden. Deshalb spielt der Atem eine sehr wichtige Rolle.

Denkt nicht, nur die, die im Krankenhaus liegen, seien krank. Jeder, der nicht glücklich ist, ist krank. Jeder, der nicht ruhig und gefestigt ist, ist krank. Jeder, der nicht in der Lage ist, mit seinem eigenen Geist oder seinen Gedanken oder Gefühlsausbrüchen umzugehen, ist in gewisser Weise krank.

Der Geist ist sehr abstrakt. Das heißt, man kann nicht direkt mit dem Geist umgehen. Das einzige, was man tun kann, ist, über die eigenen Gefühle zu sprechen. Man fühlt dann vielleicht für eine Weile eine gewisse Erleichterung, aber danach stellen sich die gleichen Verhaltensmuster wieder ein. Wenn man sich jedoch um den Atem kümmert, wird das Problem an seiner Wurzel behandelt. Das gilt für jedes Problem, dem sich der Geist gegenübersieht. Der Atem wirkt auf der grundlegendsten Ebene.

Zu jedem Gefühl gehört eine ganz bestimmte Empfindung im Körper. Ein bestimmtes Gefühl löst eine bestimmte Erfahrung aus. Beide sind miteinander verbunden. Doch was geschieht? Wir werden von den Gedanken oder Gefühlen mitgerissen und nehmen die Empfindung kaum wahr. Wenn wir aber die Empfindung beobachten, bemerken wir, daß sie sich verändert und schließlich auflöst. Wenn man feststellt, daß sich ein bestimmter Gedanke im Geist festsetzt, dann sollte man nicht dagegen ankämpfen oder ihm Widerstand leisten. Wenn man ihn einfach beobachtet und sich ihm öffnet, stellt man fest, daß er sich erst verändert und dann verschwindet. So wird man davon befreit.

Und dabei kommen wir immer wieder auf den Atem zurück. Während man den Atem beobachtet, ist man ganz erfüllt davon, aber ganz langsam schweift der Geist ab und nach einer Weile steigen Gedanken auf. Schließlich bemerkt man: »Oh, ich bin ja mit Gedanken beschäftigt.« Diese Erkenntnis kommt plötzlich, nicht wahr? »Oh, ich bin mit etwas anderem beschäftigt.«

Das ist Aufmerksamkeit, Wachheit des Geistes; sich seiner eigenen Gedanken, seiner eigenen Gefühle, seiner eigenen Verhaltensmuster, dessen, was im eigenen Inneren geschieht, bewußt zu sein. Dieses Geschehen in Dir ist Freiheit.

Dafür ist es gut, einige Atemübungen und *Sudarshan Kriya* zu machen. In sehr kurzer Zeit werdet ihr feststellen, daß sich in eurem Inneren etwas umstellt und daß ihr euch sehr glücklich fühlt.

Ihr wißt, wenn ihr innerlich ganz still werdet, verbreitet ihr entsprechende Schwingungen und dadurch stellen sich automatisch Heilungen ein. Die Menschen um euch herum fühlen sich besser.

Habt ihr das beobachtet? Man kommt irgendwo hin und ohne ersichtlichen Grund fühlt man sich wohl oder unwohl. Stell Dir vor, in einem Raum haben sich einige Leute gerade eine Zeit lang heftig gestritten und Du kommst in diesen mit Emotionen aufgeladenen Raum. Du fühlst es. Die Stimmung hängt noch ›in der Luft‹. Das gleiche geschieht, wenn wir jeden Tag etwas liebenswürdiger sind. Es schafft eine liebevolle Atmosphäre, liebevolle Schwingungen um uns herum. Und wenn Du niedergeschlagen bist und sich das immer weiter anstaut, entsteht eine entsprechende Atmosphäre. Du fühlst Dich jeden Tag etwas verkrampfter und ziehst entsprechende Situationen an.

Die Frage ist, wie man sich davon befreien kann. »Ja, ich weiß, daß ich verkrampft bin und eine Menge Grobheit in mir habe. Aber wie werde ich die los?« Um das zu erreichen, mußt Du ein paar Übungen machen, und dabei hilft

Dir das Atmen. Es spült alle Verunreinigungen sehr schnell hinaus. Deshalb können Atemübungen auch, falls Du meditierst, Deine Meditation unterstützen, weil sie Deinen Geist ruhiger machen. Es ist eine große Hilfe, weil Dich der Atem sofort zu Deinem Selbst hinführt und Dich beruhigt.

Neunzig Prozent der Verunreinigungen in unserem Körper werden durch eine vollständige Atmung ausgeschieden, aber wir nutzen durchschnittlich nur dreißig Prozent unserer Lungenkapazität. Deshalb ist es von großem Wert, diesen Bereich, der die ganze Zeit vernachlässigt wurde, Aufmerksamkeit zu schenken. In wenigen Tagen, jeweils ein paar Stunden, kann man ein paar sehr einfache Übungen erlernen. Danach kann man die Atemübungen, wann immer man will, zuhause für fünf oder zehn Minuten machen. Danach ist der Geist wieder klar und frisch. Deshalb ist der Atem so wichtig.

Die Sprache des Herzens

Entweder man spricht oder man läßt seine Gegenwart sprechen. Wenn man die göttliche Gegenwart fühlen kann, gibt es keine Notwendigkeit für Worte. Diese Präsenz ist viel authentischer. Wenn man nur Wörter hört und die göttliche Gegenwart nicht erfährt, sind die Wörter leer und bedeutungslos. Sie sagen Dir nichts.

Man kann sich an Wörtern festhalten und im Kreise gehen. Du kannst meinen Worten Deine eigenen Bedeutungen unterlegen. Du kannst Deine eigenen Vorstellungen und Ideen hineinprojizieren und denken, das sei, was ich sage. Das ist etwas, das seit Menschengedenken geschieht. Jemand sprach von seiner Ebene, ein anderer interpretierte es von seiner Ebene und so ging das immer weiter.

Verwirrung entsteht, Mißverständnisse entstehen, wenn Wörter wichtig genommen werden. Aber wenn die göttliche Gegenwart wichtig ist, kann es kein Mißverständnis geben. Diese Gegenwart saugt alle Deine Fragen auf, alle Zweifel, alle Verwirrung und gibt Dir dafür Frieden und Liebe. Etwas geschieht in Deinem gesamten Körper. Eine zarte, feine Schwingung baut sich auf. Wir wissen nicht, warum es geschieht, aber irgend etwas im Inneren fühlt sich sehr gut an, ganz wunderbar, und wir versuchen, das festzuhalten. In dem Moment, wo wir es erfahren haben, wollen wir dem mit Worten huldigen, wollen es ausdrücken, aber alle Anstrengungen, die Erfahrung dieser Gegenwart in Worte zu fassen, schlagen fehl.

Meditation hat begonnen, wenn Du begonnen hast, die göttliche Gegenwart zu fühlen. Gegenwart ist die Wahrheit, ist das, was ist. Gott ist Gegenwart und kann immer genau jetzt erfahren werden, im gegenwärtigen Moment. Gegenwart kann nie in der Vergangenheit erfahren werden. Gegenwart meint den Augenblick, genau diesen Augenblick. Gott ist die Verbindung des Gegenwärtigen und der Gegenwart.

Das erste, was sich jeder Mensch auf der Welt wünscht, ist Liebe; und das letzte, was ein Mensch sich wünscht, ist ebenfalls Liebe. Liebe ist der Anfang und das Ende.

Gesellschaft für Inneres Wachstum e. V.

Die Gesellschaft für Inneres Wachstum e. V. (GIW) ist als gemeinnütziger Verein anerkannt. Ihr wesentliches Anliegen ist die Entfaltung des Bewußtseins und die Entwicklung der Persönlichkeit zu größerer innerer Freiheit und Selbstbestimmung. Die GIW ist Mitglied im »Deutschen NRO-Forum Weltgipfel Bonn« und arbeitet international im Verbund mit der »Art of Living Foundation«, die in über 90 Ländern vertreten und bei den Vereinten Nationen als internationale Nichtregierungsorganisation akkreditiert ist. Als solche nimmt sie an UN-Konferenzen und an offiziellen Beratungen der Weltgesundheitsorganisation (WHO) zur globalen Gesundheitspolitik für das 21. Jahrhundert teil. Außerdem führt sie eigene Projekte zur Förderung der Gesundheit und der sozialen Lebensbedingungen in vielen Ländern der Erde durch.

Die GIW organisiert verschiedene Programme. Durch die Kurse **Die Kunst des Lebens** werden unmittelbare Erfahrungen und praktisches Wissen für ein erfüllteres Leben vermittelt. Herz des Kurses ist *Sudarshan Kriya,* eine leicht erlernbare Atemübung, die alle Zellen mit Sauerstoff und Lebensenergie versorgt und so mit neuem Leben auflädt. Negative Gefühle, als Giftstoffe im Körper abgelagert, werden aufgelöst und ausgeschieden. Der Geist wird ruhig und gesammelt. Dadurch klärt sich unsere Sicht der Welt, unserer Beziehungen und unserer selbst.

Die **Sahaj Samadhi Meditation** vermittelt tiefe Ruhe und inneren Frieden, bringt klareres Denken und größere Kreativität, bewirkt eine verbesserte Gesundheit, Verlangsamung des Alterungsprozes-

ses und beschleunigt die spirituelle Entwicklung. Diese Meditation ist in einem dreitägigen Kurs leicht zu erlernen und kann dann täglich zu Hause ausgeübt werden. Persönliche Unterweisung wird weltweit von den Lehrzentren der »Kunst des Lebens« angeboten.

Keinem von uns fehlt es an spiritueller Tiefe. Der Friede und das Glück, die wir so fieberhaft in der Welt suchen, sind bereits in uns vorhanden und nur durch ein paar Wolken von Streß und Belastung verdeckt. Diese werden durch die Sahaj Samadhi Meditation aufgelöst – ein Geschenk von Sri Sri Ravi Shankar.

Art Excel (Allround Training for Excellence) ist ein Drei-Tages-Kurs, der für Jugendliche im Alter von 12 bis 16 Jahren entwickelt wurde. Dieses Programm hilft ihnen, sich mit sich selbst wohlzufühlen, energievoll zu sein, Streß abzubauen, gut in der Schule zu sein und noch mehr Spaß am Leben zu haben.

Die GIW unterhält auch das **Europäische Zentrum »Die Kunst des Lebens«.** Im Jahre 1995 erwarb sie in Bad Antogast, im Schwarzwald, ein ehemals im In- und Ausland bekanntes Kurhotel, in dessen Quellensaal heute wieder das heilsame Wasser sprudelt. Durch die selbstlose Arbeit von Menschen aus aller Welt ist es gelungen, wesentliche Teile des von Zerfall bedrohten Gebäudekomplexes instand zu setzen und der neuen Nutzung als europäische Begegnungsstätte zuzuführen.

Akademie Bad Antogast
Bad Antogast 1, D-77728 Oppenau
Fon (07804) 910-923; *Fax* -924
Email ArtofLiving.Germany@t-online.de

Dieses Buch kann Beziehungen heilen

Die Anforderungen des Alltags führen oft dazu, daß in Beziehungen die Nähe der Herzen verlorengeht. Mit der verblüffend einfachen *Herz-Umarmung* kann diese Nähe sofort wiederhergestellt und beständig vertieft werden. So wird die Grundlage geschaffen, um alle Beziehungsprobleme zu meistern. Die Umarmung ist die innigste Geste der Herzlichkeit. Die *Herz-Umarmung* gibt dieser Geste spirituelle Tiefe.

Die zweite Auflage dieses einzigartigen Buchs wurde behutsam überarbeitet, erweitert und durch eine CD mit geführten Meditationen ergänzt.

Die Herz-Umarmung
144 Seiten 17 × 17 cm plus CD
ISBN 3-88755-205-9